KB206425

박경호헬라어번역성경

MATTHEW
New 마태복음

계명순종

"전무후무한 성경"

"KJV 및 개역개정의 오번역을
헬라어 원어로 완벽하게 정정한 성경"

세계 최초 1:1 대응 번역

헬라어신약 **스테판**(1550년)
한글 번역 및 1:1 대응 수정(박경호, 2020년)
부록 : 박경호헬라어스트롱사전(1:1 한글 대응)

역자 **박경호**

서울대학교 86년 졸업
서울대학교 대학원 89년 졸업

현) 베다니 히브리어&헬라어 번역원 원장

번역출판물
박경호헬라어번역성경
(마태복음, 누가복음, 마가복음, 요한복음, 요한계시록)

NEW
마태복음

개정판 1쇄 발행 2021년 07월 28일

역 자 박경호
펴낸이 유애영
펴낸곳 히브리어&헬라어 번역 출판사
디자인 주식회사 북모아
인쇄처 주식회사 북모아

출판등록번호 제2020-000143호
전 화 010-3090-8419
주 소 서울특별시 서초구 본마을 55-1 지하 1층
팩 스 070-4090-8419

ISBN 979-11-972349-0-3

가격 49,000원

New
마
태
복
음
계명순종
JESUS
In the name of Jesus Christ Lord Amen.

머리말

‘그리스’를 여행할 때였습니다!
유명한 관광지 섬에 도착하였을 때,
오래된 한 작은 교회의 박물관을 방문하게 됩니다!

유리 장식장 안에, 거대한 금 성경책이 있었는데,
하나님의 말씀이 너무 귀하여 금으로 쓰였으며,
앞뒤가 두껍게 금으로 표지가 된 ‘보물 성경책’이었습니다!

“하나님! 저도 저런 성경책을 만들고 싶어요!”

그 보물 성경책을 한동안 응시하면서, 제 마음속에선 저도 후손들에게
이런 영구적인 성경책을 남기고 싶은 갈망이 솟구쳤습니다!

곧바로,
스테판 1550년 헬라어신약성경을 번역하기 시작합니다!

오직 저의 일념은!
“나도 불에도 태워지지도 않으며
물에도 녹지 않는 영구적인 성경책을 만들리라!”
그 후, 수 십 년의 세월이 지났습니다!

[히브리어&헬라어 번역출판사]를 통해,
‘내용상 완벽에 가까운’ 동시에 ‘영구적인’ 성경책을 출판하게 된 것입니다!

이 모든 것이,
살아계신 예수님의 은혜임은 너무나 자명한 일입니다!

헬라어를 전공하지도 않은 사람이,
이렇게 완벽한 헬라어번역성경을 출판하게 될 줄을 누가 상상이나 했겠습니까?

그러나 장담하건대,
앞으로 누구도 이보다 완벽한 성경책을 만드는 것은 불가능합니다!

왜냐하면,
히브리어 건 헬라어 건, 1:1 대응 원칙에 의해 직역을 함으로써,
원래!
히브리어나 헬라어가 의미하는 원뜻을,
아무런 손상 없이 그대로 번역하는 것이 저의 노하우이기 때문입니다.

사실!
원어 한 단어를 무조건 한글 한 단어로 번역하는 것은,
그 원어가 사용된 수 십, 수백 개의 문장을,
의미 손상 없이 소화시킬 수 있는 적합한
한글 단어를 선정해야 하는,
[수천 번의 노력]이, 필요하기 때문입니다.

그런 이유로!
앞으로도 그 누구도!
박경호헬라어번역성경과 같은,
성경은 번역 및 출판이 불가능합니다.

이미 KJV이나, 개역개정 등 거의 대부분의 성경은!
70명 정도의 대규모의 인원이 투입되어,
번역자 각자 자기가 사용하거나, 선택한 언어를 사용했기에
[ONE-STORY]이어야 하는 성경이,
사실상,
여러 권의 책으로 이해될 수밖에 없는 한계를 갖고 있기 때문입니다.

앞으로도!
한 개인이 성경 66권을,
저와 같이,
한 원어에 한 한글로 1:1로 고정시키며 번역하는
긴 과정을 할 수 없다고 진단합니다.

박경호번역성경은!
2000년부터 번역이 출발되었으며,
2021년을 거쳐! 2050년이 되어야 완성될 것으로 보입니다.

[50년]에 걸친 번역!
예수님이 재림하시기 전에는, 아무도 이렇게 할 수 없다고 믿기에!
[전무후무한 성경]이란 부제목을 단 것입니다.

KJV 및 개역개정의 수 만개의 오번역이 수정된 이 책은,
분명 예수님의 작품입니다!

2021년 7월 1일

[베다니 히브리어&헬라어 번역원 원장] 박경호

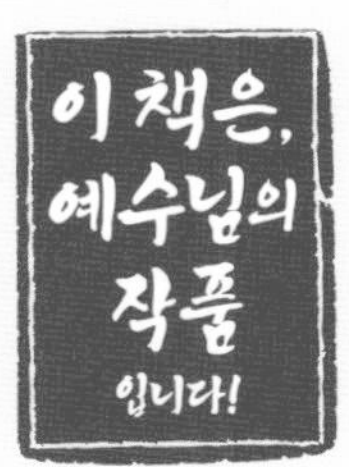

목차

• 전무후무한 성경 •

• 세계 최초 1:1 대응 번역 •

장

1절~60절 [개역개정, KJV 1:1~5:1]

거듭남, 성령세례, 마귀시험

01 아브라함의 아들이며, 다윗의 아들이신, 예수 그리스도의 낳으심의 성경책입니다.

02 아브라함이 이삭을 낳았고, 이삭은 야곱을 낳았고, 야곱은 유다와 그의 형제들을 낳았고, 유다는 다말에게서 베레스와 세라를 낳았고, 베레스는 헤스론을 낳았고, 헤스론은 람을 낳았습니다.

03 람은 아미나답을 낳았고, 아미나답은 나손을 낳았고, 나손은 살몬을 낳았고, 살몬은 라합에게서 보아스를 낳았고, 보아스는 룻에게서 오벳을 낳았고, 오벳은 이새를 낳았고, 이새는 왕 다윗을 낳았습니다.

04 왕 다윗은 우리야의 여자에게서 솔로몬을 낳았고, 솔로몬은 르호보암을 낳았고, 르호보암은 아비야를 낳았고, 아비야는 아사를 낳았고, 아사는 여호사밧을 낳았고, 여호사밧은 요람

을 낳았고, 요람은 웃시야를 낳았고, 웃시야는 요담을 낳았고, 요담은 아하스를 낳았고, 아하스는 히스기야를 낳았고, 히스기야는 므낫세를 낳았고, 므낫세는 아몬을 낳았고, 아몬은 요시야를 낳았고, 요시야는 바벨론 이주 당시 여고냐와 그의 형제들을 낳았습니다.

05 바벨론 이주 후, 여고냐는 스알디엘을 낳았고, 스알디엘은 스룹바벨을 낳았고, 스룹바벨은 아비훗을 낳았고, 아비훗은 엘리아김을 낳았고, 엘리아김은 아소르를 낳았고, 아소르는 사독을 낳았고, 사독은 아킴을 낳았고, 아킴은 엘리웃을 낳았고, 엘리웃은 엘르아살을 낳았고, 엘르아살은 맛단을 낳았고, 맛단은 야곱을 낳았고, 야곱은 마리아의 남자 요셉을 낳았고, 그녀에게서 그리스도라 하는 예수님이 나셨습니다.

06 그런즉 모든 세대가, 아브라함부터 다윗까지 14세대이며, 다윗부터 바벨론 이주까지 14세대이며, 바벨론 이주부터 그리스도까지 14세대입니다.

07 예수 그리스도의 태어나심은 이같습니다.

08 그분의 어머니 마리아가 요셉과 약혼되어, 그들이 함께하기 전에 거룩한 영에게서 자궁 안에 가진 것이 발견되었습니다.

09 그러나 그녀의 남자 요셉은 의롭기에 그녀를 들추어내기를 원치않아 그녀를 가만히 놓아보낼 것을 뜻하였습니다.

10 그가 이것을 생각하는데, 오! 주님의 천사가, "다윗의 아들, 요셉아! 네 여자 마리아를 데려오기를 두려워하지 말아라. 그녀 안에 있는 분은 거룩한 영에게서 나셨기 때문이다.

11 아들을 출산할 것이고 그분의 이름을 예수라고 부를 것인데, 그분이 자기 백성을 그들의 죄들에서 구원할 것이기 때문이다"라고 말하며 꿈으로 그에게 나타났습니다.

12 이것은 전부, 선지자를 통해 말씀하시기를, "오! 처녀가 자궁안에 가질 것이며 아들을 출산할 것인데, 그분의 이름을 '하나님이 우리와 함께'라고 번역되는 '임마누엘'이라 부를 것이다"라고 주님에게서 선포된 것이 성취되기 위하여 된 것입니다.

13 요셉은 잠에서 깨어나, 주님의 천사가 자기에게 명한 대로 행하였습니다. 그래서 그는 자기 여자를 데려왔으며, 그녀가 그녀의 첫번째자녀인 아들을 출산하기까지 그녀를 알지 않았으며, 그분의 이름을 예수라고 불렀습니다.

14 예수님께서는 왕 헤롯 기간에 유대의 베들레헴에서 나셨는

데, 오! 동방에서 박사들이 예루살렘으로 와서, "출산되신 유
대인의 왕이 어디 계십니까? 우리가 동쪽에서 그분의 별을 보
았으며, 그분께 예배하러 왔기 때문입니다"라고 말했습니다.

15 왕 헤롯 및 그와 함께 모든 예루살렘이 듣고 요동되었습니다.
그는 백성의 대제사장들과 서기관들 모두를 모아 그들에게
질문하였습니다. "그리스도가 어디서 나십니까?"

16 그들이 그에게 말했습니다. "유대의 베들레헴입니다. 이같이
선지자를 통해 '너 베들레헴아! 유다 땅아! 유다 총독들 중에
가장작지 않다. 네게서 인정하게하는 자가 나올 것이며, 그가
이스라엘 내 백성을 목양할 것이기 때문이다'라고 기록되었
기 때문입니다."

17 그때 헤롯은 박사들을 가만히 불러, 별이 나타난 때를 그들
에게 자세히묻고, 그들을 베들레헴으로 보내며 말했습니다.
"가서 아이에 대하여 자세히 캐물으십시오! 발견하면, 나도
가서 그분께 예배하도록 내게 전해주시오!"

18 그들이 왕에게서 듣고 갔습니다. 오! 동쪽에서 보았던 별이
그들을 앞서갔고, 가다가 아이가 있는 곳 위쪽에 섰습니다.

19 그들은 별을 보고 매우 큰 기쁨으로 기뻐하였습니다. 집으로

가서 그분의 어머니 마리아와 함께있는 아이를 발견하였으며, 엎드려 그분께 예배하였으며 그들의 보물들을 열어 금과 유향과 몰약을 그분께 예물로 바쳤습니다.

20 헤롯에게 돌이키지 말 것을 꿈으로 지시받아, 다른 길로 그들의 지방으로 물러갔습니다.

21 그들이 물러가자, 오! 주님의 천사가 꿈으로 요셉에게 나타나, “일으켜져, 아이와 그분의 어머니를 데리고 애굽으로 도망해라! 그리고 네게 말할 때까지 거기 있어라! 헤롯이 아이를 멸망시키려고 찾게 될 것이기 때문이다”라고 말합니다.

22 그가 일으켜져 밤에 아이와 그분의 어머니를 데리고, 애굽으로 물러갔으며, 헤롯의 사망까지 거기 있었는데, 선지자를 통해 말씀하시기를, “애굽에서 내 아들을 불렀다”라고 주님에게서 선포된 것이 성취되기 위함입니다.

23 그때 헤롯은 박사들에게서 희롱당했다고 보고 심히 노했으며, 사람보내, 박사들에게 자세히물어본 때에서 두살부터 그 아래로, 베들레헴과 그 모든 지역에 있는 모든 남자아이들을 죽였습니다.

24 선지자 예레미야에게서 말씀하시기를, “음성이 라마에서 들

리니, 슬픔과 울음과 많은 통곡인데, 라헬이 그녀의 자녀들로 우는데, 자녀들이 없기에 권면받기를 원치 않았다"라고 선포된 것이 그때 성취되었습니다.

25 헤롯이 사망하자, 오! 주님의 천사가 애굽에서 요셉에게 꿈으로 나타나, "일으켜져 아이와 그분의 어머니를 데리고 이스라엘 땅으로 가라! 아이의 영혼을 찾던 자들이 죽었기 때문이다"라고 말합니다.

26 그가 일으켜져 아이와 그분의 어머니를 데리고 이스라엘 땅으로 왔습니다.

27 그는 아켈라오가 그의 아버지 헤롯 대신 유대에 왕된다고 듣고, 거기 가는 것을 두려워하였습니다. 그는 꿈으로 지시받고 갈릴리 지방으로 물러갔으며, 나사렛이라 하는 성으로 와서 살았습니다. 그럼으로써 그분이 '나사렛인'이라 불릴 것이라고 선지자들을 통해 선포된 것이 성취되었습니다.

28 그 기간에 세례 요한이 유대 광야에서 전파하며, "회개해라! 하늘들의 왕국이 가까왔기 때문이다"라고 말하며 옵니다.

29 이 자는 선지자 이사야에게서, "광야에서 외치는 음성, '주님의 길을 준비해라! 그분의 험한길들을 곧바르게 만들어라!'"

라는 말로 선포된 자이기 때문입니다.

30 요한 그는 낙타 털로 그의 옷을 입었으며, 그의 허리에 가죽 띠를 띠었습니다. 그의 음식은 메뚜기와 야생 꿀이었습니다.

31 그때 예루살렘과 모든 유대와 모든 요단 주변지방이 그에게 나왔으며, 자기들의 죄들을 자백하며, 요단에서 그에게서 세례받았습니다.

32 그의 세례에 오는 바리새인들과 사두개인들 중 많은 자들을 보고, 그들에게 말했습니다. "독사들의 낳은것들아! 다가올 진노에서 도망할 것을 누가 너희에게 가르쳤느냐? 그런즉 회개에 마땅한 열매들을 맺어라! 속으로 '우리는 아브라함을 아버지로 갖고있다'라고 말할 것을 생각지 말아라. 너희에게 말하는데, 하나님께서는 이 돌들에서 아브라함의 자녀들을 일으킬 수 있기 때문이다.

33 이미 도끼가 나무들의 뿌리에 놓였다. 그런즉 좋은 열매를 맺지 않는 모든 나무는 찍혀버려져 불로 던져진다.

34 나는 회개하도록 너희에게 물로 세례준다. 그러나 내 뒤에 오시는 분은 나보다 더강하시며, 나는 신발을 짊어지기에 매우 크지 못하다. 그분은 너희에게 거룩한 영과 불로 세례주실 것

이다.

35 그분은 그분의 손에 키로 그분의 타작마당을 청소하실 것이
며, 그분의 밀은 곳간으로 모으실 것이지만, 쭉정이는 꺼지지
않는 불에 태우실 것이다."

36 그때 예수님께서 요한에게서 세례받으시러 갈릴리에서 요단
에 오십니다.

37 그러나 요한은, "제가 당신에게서 세례받을 필요를 갖고있
는데, 당신이 저에게 오십니다"라고 말하며 그분을 말렸습
니다. 그러자 예수님께서 대답하여 그에게 말씀하셨습니다.
"지금 허용해라! 이같이 모든 의를 성취하는 것이 우리에게
합당하기 때문이다."

38 그때 그가 그분을 허용합니다.

39 예수님께서는 세례받으시고 곧바로 물에서 올라오셨는데,
오! 하늘들이 그분께 열렸으며, 그분은 하나님의 영이 비둘
기처럼 내려와 자기 위에 오는 것을 보셨습니다.

40 오! 하늘들에서, "이 자는 사랑하는 내 아들이며, 내가 기뻐하
는 자다"라고 말하는 음성!

41 그때 예수님은 마귀에게서 시험받으러 영에게서 광야로 이끌
려지셨습니다.

42 그리고 40일 낮 40일 밤을 금식하시고 그후에 배고프셨습
니다.

43 시험하는 자가 그분께 나아와 말했습니다. "네가 하나님의
아들이라면, 이 돌들이 빵들이 되라고 말해라!"

44 그분이 대답하여 말씀하셨습니다. "'사람이 오직 빵으로 살
것이 아니라, 다만 하나님의 입을 통하여 나오는 모든 선포
된말씀으로 살 것이다'라고 기록되었다."

45 그때 마귀가 그분을 거룩한 성으로 데리고, 성전 꼭대기에 그
분을 세우고, 그분께 말합니다. "네가 하나님의 아들이라면,
자신을 아래로 던져라! '그분이 너에 대하여 자기 천사들에게
명할 것이며, 그들이 너의 발이 돌에 부딪치지 않도록 자기들
의 손으로 너를 들고갈 것이다'라고 기록되었기 때문이다."

46 예수님께서 그에게 들려주셨습니다. "'너의 하나님이신 주님
을 시험하지 말라'라고 다시 기록되었다."

47 다시 마귀가 그분을 심히 높은 산으로 데리고, 세상의 모든

왕국들과 그 영광을 그분께 보여주며 그분께 말했습니다.
"만약 내게 엎드려 예배하면, 이 모든 것들을 네게 줄 것
이다."

48 그때 예수님께서 그에게 말씀하십니다. "가라! 사탄아! '너
의 하나님이신 주님께 예배할 것이며, 오직 그분께 충성할
것이다'라고 기록되었기 때문이다."

49 그때 마귀가 그분을 버려둡니다. 오! 천사들이 나아왔으며
그분을 섬겼습니다.

50 예수님은 요한이 넘겨졌다고 들으시고 갈릴리로 물러가셨습
니다.

51 그리고 나사렛을 떠나, 스불론과 납달리 지역에, 해변 가버나
움으로 가서 사셨는데, 선지자 이사야를 통해 말씀하시기를,
"스불론 땅과 납달리 땅, 요단 건너 바다 길, 이방의 갈릴리,
어두움에 앉은 백성이 큰 빛을 보았으며, 죽음의 지방과 그늘
에 앉은, 그들에게 빛이 솟아올랐다"라고 선포된 것이 성취
되기 위함입니다.

52 그때부터 예수님은 "회개해라! 하늘들의 왕국이 가까왔기
때문이다"라고 전파하시며 말씀하시기 시작하셨습니다.

53 예수님께서 갈릴리 바닷가를 걸으시다가 바다로 그물을 던지
는 두 형제 곧 베드로라 하는 시몬과 그의 형제 안드레를 보
셨습니다. 그들이 어부였기에 그들에게 말씀하십니다. “나의
뒤로 와라! 너희를 사람들의 어부들로 만들 것이다.”

54 그들은 곧바로 그물들을 버려두고 그분을 따랐습니다.

55 거기서 더가셔서 아버지 세베대와 함께 배에서 자기들의 그
물들을 온전케하는, 다른 두 형제 곧 세베대의 아들 야고보와
그의 형제 요한을 보셨으며, 그들을 부르셨습니다.

56 그들은 곧바로 배와 그들의 아버지를 버려두고 그분을 따랐
습니다.

57 예수님은 그들의 회당들에서 가르치시며 왕국의 복음을 전파
하시며 백성중에 모든 질병과 모든 약한 것을 고치시면서 온
갈릴리를 두루다니셨습니다.

58 그분의 소문이 온 수리아로 퍼졌습니다. 나쁘게 갖고있는 모
든 자들, 곧 여러가지 질병들과 고통들에 사로잡힌 자들과 귀
신들린 자들과 간질하는 자들과 중풍병자들을 그분께 바쳤습
니다. 그분이 그들을 고치셨습니다.

59 갈릴리와 데가볼리와 예루살렘과 유대와 요단 건너에서 많은
군중들이 그분을 따랐습니다.

60 그러자 군중들을 보시고, 그분이 산으로 올라가셨습니다. 그
분이 앉으시자 그분의 제자들이 그분께 나아왔습니다.

• 전무후무한 성경 •

NEW

• 세계 최초 1:1 대응 번역 •

NEW

마태복음

2장

61절~130절 [개역개정, KJV 5:2~7:29]

산상수훈, 회개

2장

NEW 마태복음

61 **그분의 입을 열어 그들을 가르쳐 말씀하셨습니다.** "영에 가
난한 자들은 복있으니, 하늘들의 왕국이 그들의 것이다.

62 애통하는 자들은 복있으니, 그들이 권면받을 것이다.

63 온유한 자들은 복있으니, 그들이 땅을 상속받을 것이다.

64 의에 배고프고 목마른 자들은 복있으니, 그들이 배불릴 것
이다.

65 긍휼히여기는 자들은 복있으니, 그들이 긍휼히여겨질 것
이다.

66 마음에 청결한 자들은 복있으니, 그들이 하나님을 볼 것이다.

67 평안케하는 자들은 복있으니, 그들이 하나님의 아들들이라

고 불려질 것이다.

68 의를 인하여 핍박받는 자들은 복있으니, 하늘들의 왕국이
그들의 것이다.

69 나를 인하여 너희를 욕하고 핍박하고 너희를 거스르는 거짓
되는 모든 악한 선포된말을 말할 땐 복있다.

70 하늘들에서 너희의 보상이 많으니, 기뻐해라! 즐거워해라!
너희 전에 있던 선지자들을 이같이 핍박하였기 때문이다.

71 너희는 땅의 소금이다. 그러나 만약 소금이 맛잃는다면, 무
엇으로 짜게되겠느냐? 여전히 아무 것에도 강하지않아, 밖
에 던져져 사람들에게서 밟힐 뿐이다.

72 너희는 세상의 빛이다. 산 위쪽에 놓여진 성은 감추어질 수
없다. 등잔을 켜서 그것을 항아리 아래 두지 않고 다만 등잔
대 위에 두어, 그것이 집 안에 있는 모든 자들을 비춘다.

73 이같이 사람들 앞에 너희 빛이 비추게해라! 그럼으로써 너
희 좋은 행위들을 보고, 하늘들에 계신 너희 아버지께 영광
돌리게해라.

74 내가 율법이나 선지자들을 무너뜨리러 왔다고 생각지 말아라. 무너뜨리러 온 것이 아니라, 다만 성취하려고 왔다.

75 진실로 너희에게 말하는데, 하늘과 땅이 지나갈 때까지, 한 점이나 하나의 획이 결코 율법에서 지나가지 않고, 모두 될 것이기 때문이다.

76 그런즉 만약 가장작은 이 계명들 중 하나를 풀고 이같이 사람들을 가르치는 자는, 하늘들의 왕국에서 가장작다고 불릴 것이며, 행하고 가르치는 자마다, 이 자는 하늘들의 왕국에서 크다고 불릴 것이다.

77 너희에게 말하는데, 만약 너희 의가 서기관들과 바리새인들보다 더많이 남지 않으면, 결코 하늘들의 왕국으로 들어가지 못할 것이기 때문이다.

78 '살인하지 말 것이다'라고 옛사람들에게 선포되었다고 너희가 들었는데, 살인하는 자마다 심판으로 처벌될 것이다.

79 그러나 나는 너희에게 말하는데, 공연히 그의 형제에게 화내는 자가 모두 심판으로 처벌될 것이며, 그의 형제에게 '라가!'라고 말하는 자마다 공회로 처벌될 것이며, '미련한 놈!'이라고 말하는 자마다 불의 지옥불로 처벌될 것이다.

80 그런즉 만약 너의 예물을 제단에 바치는데, 네 형제가 너를
거스르는 무엇을 가지고 있는 것이 거기서 기억난다면, 너
의 예물을 제단 앞에 거기에 버려둬라! 그리고 가라! 첫번째
로 너의 형제와 화해해라! 그리고 그때 와서 너의 예물을 바
쳐라!

81 너의 소송자와 함께 길에 있을 동안에, 속히 그와 합의하여
라. 소송자가 너를 재판관에게 넘겨주고 재판관이 너를 사역
자에게 넘겨주어, 네가 감옥으로 던져지지 않기 위함이다.

82 진실로 네게 말하는데, 마지막 고드란트를 갚을때까지, 결
코 거기서 나오지 못할 것이다.

83 '간음하지 말 것이다'라고 옛사람들에게 선포되었다고 너희
가 들었다. 그러나 나는 너희에게 말하는데, 여자를 탐함으
로 바라보는 자가 모두 이미 그의 마음에 그녀를 간음한 것
이다.

84 네 오른쪽 눈이 너를 실족게한다면, 그것을 빼어라! 그리고
네게서 던져라! 네 신체들 중 하나가 멸하고, 네 온 몸이 지
옥불로 던져지지 않는 것이 네게 유익하기 때문이다.

85 네 오른쪽 손이 너를 실족게한다면, 그것을 찍어버려라! 그

리고 네게서 던져라! 네 신체들 중 하나가 멸하고, 네 온 몸이 지옥불로 던져지지 않는 것이 네게 유익하기 때문이다.

86 자기 여자를 놓아보내는 자마다 '그녀에게 이혼을 주어라!' 라고 선포되었다. 그러나 나는 너희에게 말하는데, 음행의 말씀 없이 자기 여자를 놓아보내는 자마다 그녀를 간음하게 하는 것이며, 만약 놓아보내진 자에게 결혼하는 자는 간음하는 것이다.

87 또한, '거짓맹세하지 말 것이다. 그러나 너의 맹세들을 주님께 갚을 것이다'라고 옛사람들에게 선포되었다고 너희가 들었다. 그러나 나는 전혀 맹세하지 말 것을 너희에게 말하는데, 하늘로도 말 것은 하나님의 보좌이며, 땅으로도 말 것은 그분의 양발의 발판이며, 예루살렘으로도 말 것은 큰 왕의 성이며, 네 머리로도 맹세하지 말 것은 너는 털 하나도 희거나 검게 만들 수 없다.

88 그러나 너희 말은 '그렇다! 그렇다!', '아니다! 아니다!' 해라! 이보다 더많은 것은 악한 자에게서 온다.

89 '눈에 대하여는 눈, 이에 대하여는 이'라고 선포되었다고 너희가 들었다. 그러나 나는 악한 자를 대적하지 말 것을 너희에게 말한다. 다만 네 오른쪽 뺨을 손으로치는 자에게는 그

에게 다른쪽도 돌아서라! 너를 심판하여 네 속옷을 받기를 원하는 자, 그에게는 겉옷도 버려둬라! 네게 1,000걸음을 강요하는 자에게는 그와 함께 2,000걸음을 가라!

90 네게 구하는 자에게 주어라! 네게서 빌리기를 원하는 자에게서 돌이켜머물지 말 것이다.

91 '네 이웃을 사랑할 것이며 네 원수를 미워할 것이다'라고 선포되었다고 너희가 들었다. 그러나 나는 너희에게 말하는데, 너희 원수들을 사랑해라! 너희를 저주하는 자들을 축복해라! 너희를 미워하는 자들에게 좋게 행하며, 너희를 모욕하고 너희를 핍박하는 자들을 위하여 기도해라! 그럼으로써 하늘들에 계신 너희 아버지의 아들들이 될 것이다. 그분은 악한 자들과 선한 자들에게 그분의 태양을 솟아오르게 하시며 의인들과 불의한 자들에게 비내리신다.

92 만약 너희를 사랑하는 자들을 너희가 사랑한다면, 무슨 보상을 갖겠느냐? 세금징수원들도 그것은 행하지 않느냐? 만약 오직 너희 형제들에게 평안인사한다면, 무엇을 더많이 행하는 것이냐? 세금징수원들도 이같이 행하지 않느냐? 그런즉 하늘들에 계신 너희 아버지께서 온전하신 것처럼, 너희는 온전할 것이다.

93 사람들에게 눈여겨보이려고, 그들 앞에서 너희 구제를 행하지 않도록 조심해라! 그렇지 않으면, 하늘들에 계신 너희 아버지에게서 보상을 갖지 못한다.

94 그런즉 구제를 행할 때, 위선자들이 사람들에게 영광받으려고 회당들과 거리들에서 행하는 것처럼 네 앞에서 나팔불지 말아라! 진실로 너희에게 말하는데 그들은 그들의 보상에 떨어져있다.

95 그러나 너는 구제를 행하는데, 네 오른쪽 것이 무엇을 행하는지 네 왼쪽 것이 알지 못하게 해라! 그럼으로써 네 구제가 은밀히 될 것이다. 은밀히 보시는 네 아버지 그분이 공개적으로 네게 갚으실 것이다.

96 기도할 때, 위선자들처럼 되지 말 것이다. 사람들에게 나타내지려고 회당들과 큰거리들 모퉁이에서 서서 기도하기를 좋아한다. 진실로 너희에게 말하는데 그들은 그들의 보상에 떨어져있다.

97 그러나 너는 기도할 때, 네 골방으로 들어가라! 그리고 네 문을 닫고 은밀히 계신 네 아버지께 기도해라! 은밀히 보시는 네 아버지께서 네게 공개적으로 갚으실 것이다.

98 기도하는데 이방인들처럼 헛된반복하지 말 것이다. 그들의 많은말로 들려질 것이라고 그들이 생각하기 때문이다.

99 그런즉 그들과 비슷하게여겨지지 말아라. 너희가 너희 아버지께 구하기 전에 그분은 너희가 필요를 가진 것들을 아시기 때문이다.

100 그런즉 너희는 이같이 기도해라! 하늘들에 계신 우리 아버지! 당신의 이름이 거룩게되옵소서! 당신의 왕국이 오시옵소서! 당신의 뜻이 하늘에서와 같이 땅에서도 되옵소서! 오늘 일용할 우리의 빵을 우리에게 주옵소서! 우리가 우리의 빚진 자들을 사한 것같이, 우리에게서 우리 빚들을 사해주옵소서! 우리를 시험으로 끌려들어가지 않게 하시고, 다만 악한 자에게서 우리를 건져주옵소서! 왕국과 능력과 영광이 영원히 당신의 것입니다. 진실로!

101 만약 사람들에게 그들의 과실들을 사한다면, 하늘의 너희 아버지께서 너희도 사하실 것이며, 만약 사람들에게 그들의 과실들을 사하지 않는다면, 너희 아버지께서도 너희의 과실들을 사하지 않으실 것이기 때문이다.

102 금식할 때, 어두운안색의 위선자들처럼 되지 말아라! 사람들에게 금식하는 것이 나타내지려고 그들의 얼굴을 상하게

하기 때문이다. 진실로 너희에게 말하는데, 그들은 그들의 보상에 떨어져있다.

103 그러나 너는 금식하는데 네 머리에 기름발라라! 그리고 네 얼굴을 씻어라! 그럼으로써 사람들에게 금식하는 것으로 나타내지지 않고, 다만 은밀히 계신 네 아버지께 나타내질 것이며, 은밀히 보시는 네 아버지께서 공개적으로 네게 갚으실 것이다.

104 너희에게 보물들을 땅에 쌓아두지 말아라! 그곳은 좀과 녹이 상하게하며, 그곳은 도둑들이 구멍뚫고 도둑질한다. 그러나 너희에게 보물들을 하늘에 쌓아둬라! 그곳은 좀도 녹도 상하게하지 못하며, 그곳은 도둑들이 구멍뚫지도 도둑질하지도 못한다.

105 너희 보물이 있는 곳, 거기에 너희 마음도 있을 것이기 때문이다.

106 몸의 등잔은 눈이다. 그런즉 만약 네 눈이 성하다면, 네 온 몸이 밝을 것이다. 만약 네 눈이 악하다면, 네 온 몸은 어두울 것이다.

107 그런즉 네 안에 있는 빛이 어두움이라면, 그 어두움은 얼마

나 크겠느냐? 아무도 두 주인을 섬길 수 없다. 한명을 미워하고 또다른한명을 사랑할 것이다. 또는 한명을 중히여기고 또다른한명을 경히여길 것이기 때문이다.

108 너희는 하나님과 돈을 섬길 수 없다.

109 이러므로 너희에게 말하는데, 너희가 무엇을 먹을지, 너희가 무엇을 마실지, 너희 영혼을 염려하지 말아라! 너희가 무엇을 입을지, 너희 몸도 염려하지 말아라!

110 영혼이 음식보다, 몸이 옷보다 더중하지 않느냐? 하늘의 새들을 쳐다보아라! 씨뿌리지도 않고 추수하지도 않고 곳간으로 모으지도 않는데, 하늘의 너희 아버지께서 그것들을 기르신다. 너희는 그것들보다 더욱 귀하지 않느냐? 너희 중에 누가 염려하여 자기 키에 45cm를 더할 수 있겠느냐? 옷에 대하여 왜 염려하느냐? 들의 백합화가 어떻게 자라는지 생각해라! 수고하지도 않고 실짜지도 않는다. 그러나 너희에게 말하는데, 모든 영광 안에 솔로몬도 이것들 중 하나 같이도 입지 못했다.

111 그러나 오늘 있다가 내일 아궁이로 던져지는 들의 풀을 하나님이 이같이 입히신다면, 너희에게 더욱 많이 입히시지 않겠느냐? 믿음적은자들아! 그런즉 '무엇을 먹을까?' 또는

'무엇을 마실까?' 또는 '무엇을 입을까?'라고 말하며 염려하지 말 것이다. 이 모든 것들은 이방인들이 간구하기 때문이다. 하늘의 너희 아버지께서는 이 일체모든 것들이 필요하다는 것을 아시기 때문이다. 그러나 첫번째로 하나님의 왕국과 그분의 의를 찾아라! 그러면 이 모든 것들이 너희에게 더하여질 것이다.

112 그런즉 너희는 내일을 염려하지 말 것이다. 내일은 내일의 것들로 염려할 것이기 때문이다. 그 날의 악은 그 날에 충분하다.

113 심판하지 말아라! 심판받지 않기 위함이다. 너희가 심판하는 그 판결로 너희가 심판받을 것이다. 너희가 측정하는 그 분량으로, 그것이 너희에게 반대로측정될 것이기 때문이다.

114 왜 너는 네 형제의 눈에 있는 티는 바라보지만 네 눈에 있는 들보는 생각지 못하느냐? 또는 어떻게 네 형제에게 '네 눈에서 티를 내가 내보내도록 허용해라!'라고 권고하겠느냐? 오! 네 눈에 들보! 위선자야! 첫번째로 네 눈에서 들보를 내보내라! 그때 네 형제의 눈에서 티를 내보내도록 밝히볼 것이다.

115 거룩한 것을 개들에게 주지 말 것이며, 너희 진주들을 돼지

들 앞에 던지지도 말 것이다. 그들의 발로 그것들을 밟고 돌아서서 너희를 터뜨리지 않기 위함이다.

116 구해라! 그러면 너희에게 주어질 것이다. 찾아라! 그러면 발견할 것이다. 두드려라! 그러면 너희에게 열릴 것이다.

117 구하는 자 모두가 받으며 찾는 자 모두가 발견하며 두드리는 자 모두에게 열릴 것이기 때문이다.

118 또는 너희 중에 만약 자기 아들이 빵을 구한다면 그에게 돌을 건네줄 사람이 누가 있겠느냐? 만약 물고기를 구한다면 그에게 뱀을 건네주겠느냐? 그런즉 너희가 악하다해도 너희 자녀들에게 선한 줄것들을 주는 것을 안다면 하늘들에 계신 너희 아버지께서 그분에게 구하는 자들에게 얼마나 더욱 선한 것들을 주시겠느냐?

119 그런즉 무엇이든지 사람들이 너희에게 행하기를 원하는 모든 것들을 너희도 이같이 그들에게 행해라! 이것이 율법이며 선지자들이기 때문이다.

120 좁은 출입문을 통하여 들어가라! 멸망으로 잡아끌고가는, 출입문은 크고 길은 넓기에, 많은 자들이 그것을 통하여 들어가는 자들이다. 생명으로 잡아끌고가는, 출입문은 좁고

길은 환난받기에, 적은 자들이 그것을 발견하는 자들이다.

121 거짓선지자들을 조심해라! 그들은 양의 옷입고 너희에게 오지만, 안으로는 토색하는 늑대들이다.

122 그들의 열매로, 그들을 알 것이다. 가시나무에서 포도를 또는 엉겅퀴에서 무화과를 골라내겠느냐? 이같이 선한 모든 나무가 좋은 열매들을 맺으며 못된 나무는 악한 열매들을 맺는다.

123 선한 나무도 악한 열매들을 맺을 수 없고, 못된 나무도 좋은 열매들을 맺을 수 없다.

124 좋은 열매를 맺지 않는 모든 나무는 찍혀버려져 불로 던져진다.

125 그래서 그들의 열매들로 그들을 알 것이다.

126 나에게 '주님! 주님!'이라고 말하는 모두가 하늘들의 왕국으로 들어갈 것이 아니라, 다만 하늘들에 계신 내 아버지의 뜻을 행하는 자가 들어갈 것이다.

127 그 날에, 많은 자들이 나에게 말할 것이다. '주님! 주님! 당

신의 이름으로 예언하지 않았습니까? 당신의 이름으로 귀신들을 내보내지 않았습니까? 당신의 이름으로 많은 능력들을 행하지 않았습니까?' 그때 그들에게, '전혀 너희를 알지 못했다. 나에게서 떠나가라! 불법을 일하는 자들아!'라고 공언할 것이다.

128 그런즉 나의 이 말들을 듣고 그것들을 행하는 모든 자, 나는 그를 바위에 그의 집을 지은 총명한 남자와 비슷하게여길 것이다. 비가 내렸고 홍수가 왔으며 바람이 불었고 그 집에 앞에엎드렸으나 무너지지 않았는데, 바위에 기초되었었기 때문이다.

129 나의 이 말들을 듣고 그것들을 행하지 않는 모두가, 모래에 그의 집을 지은 미련한 남자와 비슷하게여겨질 것이다. 비가 내렸고 홍수가 왔으며 바람이 불었고 그 집에 부딪쳤으며 무너졌는데, 그 무너짐이 컸다."

130 **예수님께서 이 말씀들을 다끝마치시게 되었을 때, 군중들은 그분의 가르침에 놀랐습니다. 그분은 권세를 가진 자와 같이 그들을 가르치시며 서기관들과 같지 않았기 때문입니다.**

• 전무후무한 성경 •

• 세계 최초 1:1 대응 번역 •

3장

131절~196절 [개역개정, KJV 8:1~10:4]

영의 질병의 치료 및 구원의 완성

131 그분이 산에서 내려오시는데 많은 군중들이 그분을 따랐습니다. 오! 문둥병자가 와서 "주님! 만약 원하신다면 저를 깨끗하게 할 수 있습니다"라고 말하며 그분께 예배하였습니다.

132 예수님께서 손을 내밀어 "내가 원하니, 깨끗해져라!"라고 말씀하시며 그를 만지셨습니다.

133 곧바로 그의 문둥병이 깨끗해졌습니다.

134 예수님께서 그에게 말씀하십니다. "아무에게도 말하지 않도록 살펴보아라! 다만 가라! 제사장에게 자신을 보여주어라! 그리고 그들에게 증거되도록 모세가 명한 예물을 바쳐라!"

135 예수님께서 가버나움으로 들어가시는데, 백부장이 "주님! 제 하인이 중풍으로 몹시 괴로워하며 집에 던져져있습니다"라고 말하며 그분께 권면하며 그분께 나아왔습니다.

136 예수님께서 그에게 말씀하십니다. “내가 가서 그를 고칠 것
이다.”

137 백부장이 대답하여 들려주었습니다. “주님! 당신이 제 지붕
아래 들어오시기에는 제가 매우크지 않습니다. 다만 말씀만
하십시오! 그러면 제 하인이 나을 것입니다.

138 저도 권세 아래 있는 사람이며, 저자신 아래도 군인들을 갖고
있어, 이 자에게 ‘가라!’라고 말하면 그가 가며, 다른 자에게
‘와라!’라고 말하면 그가 오며, 제 종에게 ‘이것을 행해라!’라
고 말하면 그가 행하기 때문입니다.”

139 예수님께서 들으시고 기이히여기셨으며 따르는 자들에게 말
씀하셨습니다. “진실로 너희에게 말하는데, 이스라엘에서
이만한 믿음을 발견하지 못했다.

140 너희에게 말하는데, 동방과 서방에서 많은 자들이 올 것이
며, 아브라함과 이삭과 야곱과 함께 하늘들의 왕국에 앉혀
질 것이지만, 왕국의 아들들은 더바깥 어두움으로 내보내질
것이고, 거기서 울음과 이를 갊이 있을 것이다.”

141 예수님께서 백부장에게 말씀하셨습니다. “가라! 믿은 대로
네게 되어라!”

142 그 시간에 그의 하인이 나았습니다.

143 예수님께서 베드로의 집으로 오셔서 그의 장모가 던져져 열병앓는 것을 보셨으며, 그녀의 손을 만지셨습니다. 그러자 열병이 그녀를 버려두었고, 그녀는 일으켜졌으며 그들을 섬겼습니다.

144 저물게 되어 사람들이 귀신들린 많은 자들을 그분께 바쳤으며, 그분이 말씀으로 영들을 내보내셨으며 나쁘게 갖고있는 모든 자들을 고치셨습니다. 그럼으로써 선지자 이사야를 통해 말씀하시기를, '그분이 우리의 연약함들을 받으셨고 질병들을 짊어지셨다'라고 선포된 것이 성취된 것입니다.

145 예수님께서는 그분 주변에 많은 군중들을 보시고 건너편으로 갈 것을 명하셨습니다.

146 한 서기관이 나아와 그분께 말했습니다. "선생님! 어디로 가신다해도 당신을 따를 것입니다."

147 예수님께서 그에게 말씀하십니다. "여우들도 굴을 갖고있고 하늘의 새들도 보금자리를 갖고있지만, 사람의 아들은 어디에 머리를 누울 지를 갖고있지 않다."

148 그분의 제자들 중 또다른 자가 그분께 말했습니다. "주님! 첫 번째로 가서 제 아버지를 장례하도록 저를 허락해주십시오!"

149 그러자 예수님께서 그에게 말씀하셨습니다. "나를 따라라! 그리고 죽은 자들이 자신들의 죽은 자들을 장례하도록 해라!"

150 그분이 배로 오르시자 그분의 제자들이 그분을 따랐습니다.

151 오! 배가 물결아래 덮일 정도로 큰 지진이 바다에 일어났으며, 그분은 주무셨습니다.

152 그분의 제자들이 나아와, "주님! 우리를 구원해주십시오! 우리가 멸망합니다"라고 말하며 그분을 일으켰습니다.

153 그분이 그들에게 말씀하십니다. "왜 무서워하느냐? 믿음적은자들아!" 그때 그분이 일으켜져 바람들과 바다를 꾸짖으셨으며 큰 고요함이 되었습니다.

154 그러자 사람들이, "바람들과 바다도 그분께 순종하니, 이 분이 어떤 분이신가?"라고 말하며 기이히여겼습니다.

155 그분이 건너편 가다라 지방으로 가시자, 귀신들린자 둘이 무

덤들에서 나와 그분을 만났는데, 심히 사나웠고, 그럼으로써 그 길을 통해 지나갈 정도로 누구도 강하지 않았습니다. 오! 그들이 말하기를, "우리와 당신이 무슨 상관입니까? 예수님! 하나님의 아들이여! 우리를 괴롭히려고, 때 전에 여기 오셨습니까?"라고 소리질렀습니다.

156 그들에게서 멀리 많은 돼지 떼가 먹고 있었습니다.

157 그러자 귀신들이 말하기를, "우리를 내보내신다면, 돼지 떼로 가도록 우리를 허락해주십시오!"라고 그분께 권면하였습니다.

158 그분이 그들에게 말씀하셨습니다, "가라!" 그러자 그들이 나와서 돼지 떼로 갔습니다. 오! 모든 돼지 떼가 비탈을 따라 바다로 달려들었으며 물에서 죽었습니다.

159 먹이던 자들이 도망하였으며 성으로 가서 모든 일들 및 귀신들린 자들의 일들을 전하였습니다.

160 오! 모든 성이 예수님과의 만남을 위해 나갔으며, 그분을 보고 그들의 지역에서 옮겨가시기를 권면하였습니다.

161 그분이 배로 오르시고 건너가셨으며 자기자신의 성으로 오셨

습니다.

162 오! 사람들이 침대에 던져진 중풍병자를 그분께 바쳤습니다. 예수님께서 그들의 믿음을 보시고 중풍병자에게 말씀하셨습니다. "담대해라! 자녀야! 네게서 네 죄들이 사해졌다."

163 오! 서기관들 중 어떤 자들이 속으로 말했습니다. "이 분이 모독한다."

164 예수님께서 그들의 생각들을 보시고 말씀하셨습니다. "어째서 너희는 너희 마음에 악한 것들을 생각하느냐? 왜냐하면 무엇이 더쉽겠느냐? '네게서 죄들이 사해졌다'라고 말하는 것이냐? 또는 '일어나라! 그리고 걸어가라!'라고 말하는 것이냐? 사람의 아들이 땅에서 죄들을 사하는 권세를 갖고있는 것을 너희가 알게 하기 위함이다." 그때 중풍병자에게 말씀하십니다. "일으켜져 네 침대를 들어라! 그리고 네 집으로 가라!" 그가 일으켜져 그의 집으로 갔습니다.

165 군중들이 보고 기이히여겼으며 하나님 곧 사람들에게 그만한 권세를 주신 분께 영광돌렸습니다.

166 예수님께서 거기를 지나가시며 세관에 앉아있는 마태라 하는 사람을 보셨으며 그에게 말씀하십니다. "나를 따라라!"

167 그가 일어서서 그분을 따랐습니다.

168 그분이 집에서 앉아식사하시게 되었는데, 오! 많은 세금징수원들과 죄인들이 와서 예수님 및 그분의 제자들과 함께앉았습니다.

169 바리새인들이 보고 그분의 제자들에게 말했습니다. "무엇때문에 당신들의 선생님은 세금징수원들과 죄인들과 함께 식사하십니까?" 그러자 예수님께서 들으시고 그들에게 말씀하셨습니다. "강한 자들은 의사의 필요를 갖고있지 않으며, 다만 나쁘게 갖고있는 자들은 필요하다.

170 가서 '내가 긍휼을 원하고, 제물을 원치 않는다'가 무엇인지를 배워라! 나는 의인들을 부르러 오지 않았고, 다만 죄인들을 회개시키러 왔기 때문이다."

171 그때 요한의 제자들이, "우리와 바리새인들은 많이 금식하는데 무엇때문에 당신의 제자들은 금식하지 않습니까?"라고 말하며, 그분께 나아옵니다. 예수님께서 그들에게 말씀하셨습니다. "신랑이 신랑집 아들들과 함께 있는 동안, 그들은 애통할 수 없지 않느냐? 신랑이 그들에게서 빼앗겨질 기간이 올 것인데 그때 그들은 금식할 것이다.

172 아무도 말끔한 천 조각을 낡은 겉옷에 붙이지 않는데, 그 기운 것이 겉옷을 들고가 해어짐이 더심하게 되기 때문이다.

173 새로운 포도주를 낡은 부대들에 넣지 않는데, 그렇지 않으면 부대들이 터뜨려져 포도주가 쏟아지고 부대들도 멸망할 것이다. 다만 새로운 포도주를 새 부대들에 넣으면 둘이 보존된다."

174 그분이 이것을 그들에게 얘기하시는데, 오! 통치자가 와서, "제 딸이 지금 사망했습니다. 다만 오셔서 당신의 손을 그녀에게 얹어주십시오! 그러면 살 것입니다"라고 말하며 그분께 예배하였습니다.

175 예수님께서 일으켜져 그를 따랐으며 그분의 제자들도 그리하였습니다.

176 오! 12년을 피흘리는 여자가 뒤로 나아와 그분의 겉옷 자락을 만졌습니다.

177 그녀는 속으로, '만약 그분의 겉옷을 만지기만해도 구원받을 것이다'라고 말했기 때문입니다.

178 예수님께서 돌아와서 그녀를 보시고 말씀하셨습니다. "담대

해라! 딸아! 네 믿음이 너를 구원하였다."

179 그 시간부터 그 여자가 구원받았습니다.

180 예수님께서 통치자의 집으로 오셔서 피리부는 자들과 웅성거리는 군중을 보시고 그들에게 말씀하십니다. "물러가라! 왜냐하면 소녀는 죽지 않았고, 다만 잔다."

181 그들이 그분을 비웃었습니다.

182 그러자 그분이 군중을 내보내셨으며 들어가셔서 그녀의 손을 붙잡으셨으며, 소녀가 일으켜졌습니다.

183 이 소문이 그 온 땅으로 퍼졌습니다.

184 예수님께서 거기를 지나가시는데 눈먼 자 둘이, "우리를 긍휼히여겨주십시오! 다윗의 아들이여!"라고 소리질러 말하며 그분을 따랐습니다.

185 그분이 집으로 오시자 눈먼 자들이 그분께 나아왔으며, 예수님께서 그들에게 말씀하십니다. "내가 이 일을 행할 수 있다고 믿느냐?" 그들이 그분께 말합니다. "예! 주님!"

186 그때, "너희 믿음대로 너희에게 되어라!"라고 말씀하시며 그
들의 눈들을 만지셨습니다.

187 그들의 눈들이 열렸습니다. 예수님께서, "살펴보아라! 아무
도 알게하지 말아라!"라고 말씀하시며 그들에게 엄히경계하
셨습니다.

188 그러나 그들은 나가서 그 온 땅에 그분을 소문냈습니다.

189 그들은 나가서, 오! 귀신들려 말못하는 사람을 그분께 바쳤습
니다.

190 귀신이 내보내지며 말못하는 자가 얘기하였습니다. 군중들
이, "이스라엘에서 이같이 나타난 적이 없다"라고 말하며 기
이히여겼습니다.

191 바리새인들이 말했습니다. "그분이 귀신들의 통치자 안에서
귀신들을 내보낸다."

192 예수님께서 모든 성들과 마을들을 두루다니셨는데, 그들의
회당들에서 가르치시고 왕국의 복음을 전파하시며 백성 안에
모든 질병과 모든 약한 것을 고치셨습니다.

193 군중들을 보시고 그들에 대하여 불쌍히여기셨는데, 그들이 목자를 갖고있지 않은 양들처럼 낙심되며 던져놓아진 것입니다.

194 그때 그분의 제자들에게 말씀하십니다. "추수는 많으나, 일꾼들이 적다. 그런즉 추수의 주님께 그분의 추수를 하도록 일꾼들을 내보내달라고 간청해라!"

195 그분은 그분의 열두 제자들을 불러, 그들에게 더러운 영들에의 권세를 주셨는데, 그들을 내보내는 것과 모든 질병과 모든 약한 것을 고치는 것입니다.

196 열두 사도들의 이름은 이러합니다. 첫번째로 베드로라 하는 시몬과 그의 형제 안드레, 세베대의 아들 야고보와 그의 형제 요한, 빌립과 바돌로매, 도마와 세금징수원 마태, 알패오의 아들 야고보와 다대오라 일컫는 렙바이오스, 가나안인 시몬과 그분을 넘겨준 자 곧 유다 가룟입니다.

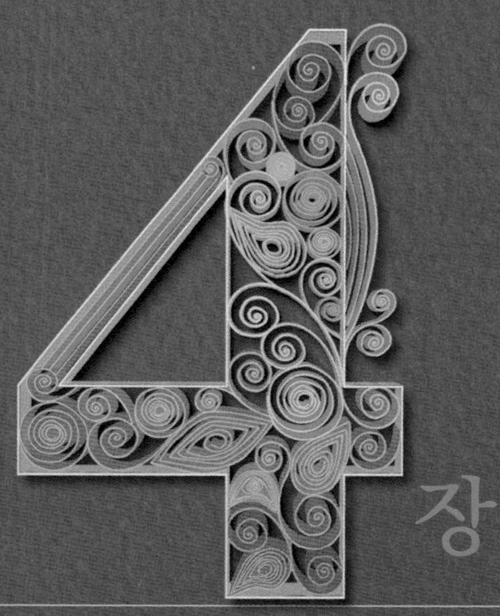

4장

197절~287절 [개역개정, KJV 10:5~12:50]

복음전파 및 그 지혜와 대처

197 **예수님께서 이 열 둘을 보내셨으며, 그들에게 명령하여 말씀하셨습니다.** “이방인들의 길로 가지 말 것이며 사마리아인들의 성으로 들어가지 말 것이며, 이스라엘 집의 멸망한 양들에게 더욱 가라!

198 가면서, ‘하늘들의 왕국이 가까왔다’라고 말하며 전파해라!

199 병든 자들을 고쳐라! 문둥병자들을 깨끗게해라! 죽은 자들을 일으켜라! 귀신들을 내보내라! 값없이 받았으니, 값없이 주어라!

200 너희 띠에 금도 은도 동도 가지지 말 것이며, 길을 위한 가방도 두벌 속옷도 신발도 지팡이도 말 것은, 일꾼은 그의 음식에 마땅하기 때문이다.

201 아무 성이나 마을로 들어가든지, 그 안에 누가 마땅한지를

캐물어라! 너희가 나가기까지 거기 머물러라!

202 집으로 들어가면서, 그 집에 평안인사해라!

203 만약 그 집이 마땅하다면, 너희 평안이 그리로 오게해라! 만약 마땅치 않다면 너희 평안이 너희에게 돌아오게해라!

204 만약 너희를 영접하지도 않고 너희 말도 듣지도 않는 자에게는, 그 집이나 또는 그 성에서 나와, 너희 양발의 먼지를 떨어버려라!

205 진실로 너희에게 말하는데, 심판의 날에 소돔들과 고모라들의 땅이 그 성보다 더참을만할 것이다.

206 오! 내가 늑대들 한가운데에 양들같이 너희를 보낸다. 그런즉 뱀같이 총명하게 되어라! 그리고 비둘기같이 순결하게 되어라!

207 사람들을 조심해라! 너희를 공회로 넘겨줄 것이며, 그들의 회당에서 너희를 채찍질할 것이기 때문이다. 나를 인하여 총독들과 왕들에게 끌려가 그들과 이방인들에게 증거할 것이다.

208 그들이 너희를 넘겨줄 때, 어떻게 또는 무엇을 얘기할까 염려하지 말 것인데, 그 시간에 무엇을 얘기할 지 너희에게 주어질 것이기 때문이다. 얘기하는 자는 너희가 아니라, 다만 너희 안에서 얘기하시는 분이신 너희 아버지의 영이시기 때문이다.

209 형제가 형제를, 아버지가 자녀를 죽음으로 넘겨줄 것이며, 자녀들이 부모들을 대적할 것이며, 그들을 죽게 할 것이다.

210 내 이름 때문에 모든 자들에게서 미움받을 것이나, 끝까지 견디는 자, 이 자는 구원받을 것이다.

211 이 성에서 너희를 핍박할 땐 다른 성으로 도망해라! 진실로 너희에게 말하는데, 너희가 이스라엘의 성들을 끝마치기 전에 사람의 아들이 올 것이기 때문이다.

212 제자가 선생 위에 없으며 종도 그의 주인 위에 없다.

213 제자가 그의 선생같이 되는 것에 족하며 종은 그의 주인같이 되는 것에 족하다.

214 집주인을 바알세불이라 불렀다면 그 식구들에게는 얼마나 더욱 부르겠느냐? 그런즉 그들을 두려워하지 말 것은, 나타

나지 않을 덮인 것은 없으며 알려지지 않을 은밀한 것은 없기 때문이다.

215 내가 어둠에서 너희에게 말한 것을 빛에서 말해라! 귀로 들은 것을 지붕들 위에서 전파해라!

216 몸은 죽이지만 영혼을 죽일 수 없는 자들을 두려워하지 말아라! 그러나 영혼과 몸을 지옥불에서 멸망시킬 수 있는 분을 더욱 두려워해라!

217 참새 두 마리가 한 앗사리온에 팔리지 않느냐? 그들 중에 하나도 너희 아버지가 아니면 땅에 떨어지지 않을 것이다. 너희의 모든 머리의 털들도 세어진다.

218 그런즉 두려워하지 말아라! 너희는 많은 참새들보다 귀하다.

219 사람들 앞에서 나를 공언하는 모든 자, 그를 나도 하늘들에 계신 내 아버지 앞에서 공언할 것이다. 누구든지 사람들 앞에서 나를 부인하는 자는, 그를 나도 하늘들에 계신 내 아버지 앞에서 부인할 것이다.

220 내가 땅에 평안을 던지러 왔다고 생각하지 말 것이다. 평안을 던지러 온 것이 아니라, 다만 칼을 던지러 왔다.

221 사람이 자기 아버지를 거스려, 딸이 자기 어머니를 거스려, 며느리가 자기 시어머니를 거스려 불화시키려 왔기 때문이다. 사람의 원수들은 그의 식구들이다.

222 나 위에 아버지나 어머니를 좋아하는 자는 내게 마땅치 않다. 나 위에 아들이나 딸을 좋아하는 자도 내게 마땅치 않다. 자기 십자가를 받지 않고 내 뒤를 따르지 않는 자는 내게 마땅치 않다.

223 자기 영혼을 발견하는 자는 그것을 멸할 것이다. 나를 인하여 자기 영혼을 멸하는 자는 그것을 발견할 것이다.

224 너희를 영접하는 자는 나를 영접하는 것이다. 나를 영접하는 자는 나를 보내신 분을 영접하는 것이다.

225 선지자의 이름으로 선지자를 영접하는 자는 선지자의 보상을 받을 것이다. 의인의 이름으로 의인을 영접하는 자는 의인의 보상을 받을 것이다.

226 만약 제자의 이름으로 이 작은 자들 중 한 명에게 차가운 것 한 잔만이라도 마시게 하는 자는, 진실로 너희에게 말하는데, 결코 그는 그의 보상을 멸하지 않을 것이다.”

227 예수님께서 자기 열두 제자들에게 명하시기를 끝마치시게 되었으며, 그들의 성들에서 가르치시며 전파하시려고 거기서 옮겨가셨습니다.

228 요한은 그리스도의 행위들을 감옥에서 듣고 자기 제자들 중 둘을 보내어 그분께 말했습니다. "당신이 오실 분이십니까? 또는 우리가 또다른 분을 기대합니까?" 예수님께서 대답하여 그들에게 말씀하셨습니다. "가서 듣고 보는 것을 요한에게 전해라! 눈먼 자들이 올려보며 저는 자들이 걷는다. 문둥병자들이 깨끗해지며 말못하는 자들이 듣는다. 죽은 자들이 일으켜지며 가난한 자들에게 복음전파된다. 만약 나에게 실족되지 않는 자는 복있다."

229 이들이 가자 예수님께서 요한에 대하여 군중들에게 말씀하시기 시작하셨습니다. "무엇을 보려고 광야로 나갔느냐? 바람 아래 흔들리는 갈대냐? 다만 무엇을 보려고 나갔느냐? 부드러운 겉옷입은 사람이냐? 오! 부드러운 것을 입은 자들은 왕의 집에 있다. 다만 무엇을 보려고 나갔느냐? 선지자냐? 그렇다! 너희에게 말하는데 선지자보다 더나은 자다. 이 자가 '오! 내가 네 앞서 내 전달자를 보낸다. 그가 네 앞에 네 길을 예비할 것이다'라고 기록된 자이기 때문이다. 진실로 너희에게 말하는데, 여자들이 낳은 자들 중에 세례 요한보다 더큰자가 일으켜지지 않았다. 그러나 하늘들의 왕국에서 더

작은자가 그보다 더크다.

230 세례 요한의 기간부터 지금까지 하늘들의 왕국은 침략당하는데 침략자들은 그것을 빼앗는다.

231 요한까지의 모든 선지자들과 율법은 예언한 것이기 때문이다. 너희가 영접하기를 원한다면, 그가 오게 될 자인 엘리야이다.

232 들을 귀를 갖고있는 자는 들어라!

233 이 세대를 무엇과 비슷하게여길 것인가? 시장에 앉아서 그들의 동료들을 부르는 아이들과 비슷하여, '우리가 너희에게 피리불었지만 너희는 춤추지 않았다. 우리가 너희에게 슬피울었지만 가슴치지 않았다'라고 말한다.

234 요한이 와서 먹지도 않고 마시지도 않자, '그가 귀신을 갖고 있다'라고 말하기 때문이다.

235 사람의 아들이 와서 식사하고 마시자, '오! 탐식과 애주의 사람이며 세금징수원들과 죄인들의 친구다'라고 말한다.

236 지혜는 그의 자녀들로부터 의롭게여겨졌다."

237 **그때 그분은 자신의 가장많은 능력들을 일으킨 성들이 회개 하지 않기에 욕하시기 시작했습니다.**

238 “네게 화있다! 고라신아! 네게 화있다! 벳새다야! 너희에게서 일으킨 능력들이 두로와 시돈에서 일어났다면, 벌써 베옷과 재 안에서 회개하였다.

239 그렇지만 너희에게 말하는데, 심판의 날에 두로와 시돈이 너희보다 더참을만할 것이다.

240 너, 하늘까지 높아진 가버나움아! 지옥까지 내려가질 것이다. 내가 네게 일으킨 능력들을 소돔에서 일으켰다면, 오늘까지도 머물렀다.

241 그렇지만 너희에게 말하는데, 심판의 날에 소돔 땅이 너보다 더참을만할 것이다.”

242 **그 때에, 예수님께서 대답하여 말씀하셨습니다.** “당신께 감사드립니다. 아버지여! 하늘과 땅의 주인이여! 이것들을 지혜로운 자들과 현명한 자들에게서 숨기셨으며 그것들을 어린아이들에게 나타내신 것입니다.

243 그렇습니다! 아버지여! 당신 앞의 기쁘신뜻이 이같이 된 것

입니다.

244 모든 것들이 내 아버지에게서 내게 넘겨졌으며, 아버지 외에는 아무도 아들을 알지 못하며, 아들 및 만약 아들이 나타내기를 뜻하는 자 외에는 누구도 아버지를 알지 못합니다.

245 나에게 와라! 수고하고 짐진 모든 자들아! 내가 너희를 쉬게 할 것이다.

246 나는 마음에 온유하고 겸손하니 너희위에 내 멍에를 들고가라! 그리고 내게서 배워라! 그러면 너희가 너희 영혼에 쉼을 발견할 것이다.

247 내 멍에는 안자하고 내 짐은 가볍기 때문이다."

248 **그 때에, 예수님께서 안식의 날에 밀밭을 통하여 가셨습니다. 그분의 제자들이 배고팠으며 이삭을 잘라 먹기 시작했습니다.**

249 **바리새인들이 보고 그분께 말했습니다. "오! 당신의 제자들이 안식일에 행하기에 옳지 않은 것을 행합니다."**

250 **그분이 그들에게 말씀하셨습니다.** "다윗 및 그와 함께 한 자들이 배고팠을 때 무엇을 행했는지를 읽지 않았느냐? 어떻

게 그가 하나님의 집으로 들어가서 오직 제사장들 외에는 그에게도 먹는 것이 옳지않고 그와 함께한 자들에게도 먹는 것이 옳지 않은 하나님앞의 빵들을 먹었느냐? 또는 안식의 날에 제사장들이 성전 안에서 안식일을 범하여도 무죄하다는 것을 율법에서 읽지 않았느냐? 너희에게 말하는데, 성전보다 더큰 자가 여기 있다.

251 '내가 긍휼을 원하는 것이지 제물이 아니다'가 무엇인지 너희가 알았었다면, 무죄한 자들을 정죄하지 않았으리라. 사람의 아들은 안식일의 주인이기 때문이다."

252 그분은 거기서 옮겨가셔서 그들의 회당으로 가셨습니다.

253 오! 마른 손을 가진 사람이 있었습니다. 사람들이 그분께 말하기를, "안식의 날에 고치는 것이 옳은가요?"라고 물었습니다. 그분을 고소하기 위함이었습니다.

254 그분이 그들에게 말씀하셨습니다. "너희 중에 양 한 마리를 가진 어떤 사람이 있을 것인데 만약 안식의 날에 이것이 구덩이에 빠진다면 그가 그것을 붙잡아 일으키지 않겠느냐? 사람이 양보다 얼마나 귀하냐? 그러므로 안식의 날에 좋게 행하는 것이 옳다."

255 그때 그분이 그 사람에게 말씀하십니다. "네 손을 내밀어라!"

256 그가 내밀었으며 다른 손과 같이 온전하게 회복되었습니다.

257 그러자 바리새인들은 그분을 멸하려고, 나가서 그분을 거스르는 결의를 받았습니다.

258 그러나 예수님께서 아시고 거기서 물러가셨습니다. 많은 군중들이 그분을 따랐으며 그분이 그들 모두를 고치셨습니다. 그리고 자기를 나타나게 하지 말라고 그들을 꾸짖으셨습니다. 이는 선지자 이사야를 통해 선포된 것이 성취되기 위함입니다. "오! 내가 선택한 나의 하인 곧 내 영혼이 기뻐하는 나의 사랑하는 자, 내가 그위에 내 영을 둘 것이며 그가 이방인들에게 심판을 전할 것이다. 그는 다투지도 않을 것이며 소리치지도 않을 것이며, 큰거리에서 누구도 그의 음성을 듣지도 못할 것이다.

259 그는 부러진 갈대를 꺾지 않을 것이며 꺼져가는 심지를 끄지 않을 것이며, 심판의 승리까지 내보내리라.

260 이방인들이 그의 이름을 소망할 것이다."

261 그때 눈멀고 말못하는 귀신들린 자가 그분께 바쳐졌습니다.
그분이 그를 고치셨으므로 눈멀고 말못하는 자가 얘기하며
보는 것입니다.

262 모든 군중들이 놀랐으며 말했습니다. "이 분이 다윗의 아들
이지 않습니까?" 그러자 바리새인들이 듣고 말했습니다. "이
분이 귀신들의 통치자 바알세불 안에 있지 않으면 귀신들을
내보내지 못한다."

263 예수님께서 그들의 생각들을 아시고 그들에게 말씀하셨습니
다. "스스로 나누어지는 모든 왕국은 황폐해진다. 스스로 나
누어지는 모든 성이나 집은 서지 못할 것이다.

264 사탄이 사탄을 내보낸다면 스스로 나뉘어진 것이다. 그런즉
어떻게 그의 왕국이 서겠느냐? 내가 바알세불 안에서 귀신
들을 내보낸다면 너희 아들들은 누구 안에서 내보내겠느냐?
이러므로 그들이 너희 재판관들이 될 것이다.

265 그러나 내가 하나님의 영 안에서 귀신들을 내보낸다면 이미
너희에게 하나님의 왕국이 임하였다.

266 또는, 만약 첫번째로 강한 자를 묶지 않는다면 누가 어떻게
강한 자의 집으로 들어가 그의 그릇들을 늑탈할 수 있겠느

냐? 그때 그의 집을 늑탈할 것이다.

267 나와 함께하지 않는 자는 내게 거스르는 것이요, 나와 함께 모으지 않는 자는 흩어버리는 것이다.

268 이러므로 너희에게 말하는데, 모든 죄와 모독은 사람들에게 사해질 것이나 영의 모독은 사람들에게 사해지지 않을 것이다.

269 사람의 아들에 거스리는 말을 말하는 자마다 그에게 사해질 것이나, 거룩한 영을 거스려 말하는 자마다 이 세상에서도 다가오는 세상에서도 그분께 사해지지 못할 것이다.

270 나무를 좋게 그리고 그 열매도 좋게 만들어라! 또는 나무를 못되게 그리고 그 열매도 못되게 만들어라! 열매로 나무가 알려지기 때문이다.

271 독사들의 낳은것들아! 악한데 어떻게 선한 것들을 얘기할 수 있느냐? 입은 마음의 가득한 것에서 얘기하기 때문이다.

272 선한 사람은 마음의 선한 보물에서 선한 것들을 내보낸다. 악한 사람은 악한 보물에서 악한 것들을 내보낸다.

273 너희에게 말하는데, 무엇이든지 얘기하는 모든 무익한 선포
된말은 심판의 날에, 사람들이 자기의 말에 대하여 갚을 것
이다.

274 네 말로 의롭게여겨질 것이며 네 말로 정죄될 것이기 때문
이다."

275 **그때 서기관들과 바리새인들 중 어떤 자들이 말하기를, "선생
님! 당신에게서 표적을 보기를 원합니다"라고 대답했습니다.**

276 **그러나 그분이 대답하여 그들에게 말씀하셨습니다.** "악하고
간음하는 세대는 표적을 간구하지만, 선지자 요나의 표적
외에는 표적이 그에게 주어지지 않을 것이다.

277 요나가 3일 낮 3일 밤 큰물고기 배 안에 있었던 것처럼, 이
같이 사람의 아들은 3일 낮 3일 밤 땅의 마음 안에 있을 것
이기 때문이다.

278 니느웨 남자들이 심판시 이 세대와 함께 일어설 것이며 이
세대를 정죄할 것이니, 그들은 요나의 전파로 회개하였다.
오! 요나보다 더큰 자가 여기 있다.

279 남쪽 여왕이 심판시 이 세대와 함께 일으켜질 것이고, 이 세

대를 정죄할 것이니, 그녀는 솔로몬의 지혜를 들으려고 땅
의 끝에서 왔다. 오! 솔로몬보다 더많은 자가 여기 있다.

280 더러운 영이 사람에게서 나왔을 때, 물없는 장소로 거쳐가
며 쉼을 찾았으나 발견하지 못했다.

281 그때 말한다. '내 집 곧 나온 곳으로 돌아올 것이다.' 그리고
와서는 틈있고 소제되었고 꾸며져있는 것을 발견한다.

282 그때 가서 자신보다 더악한 또다른 일곱 영들을 자신과 함
께 데려와서, 들어가 거기 산다. 그 사람의 마지막이 첫번째
보다 더심하게 된다.

283 이 악한 세대도 이같을 것이다."

284 여전히 그분이 군중들에게 얘기하시는데, 오! 그분의 어머니
와 형제들이 그분과 얘기하기를 찾으며 밖에 서있었습니다.

285 그러자 누군가 그분께 말했습니다. "오! 당신의 어머니와 당
신의 형제들이 당신과 얘기하기를 찾으며 밖에 서있습니다."

286 그분이 대답하여 자기에게 말하던 자에게 말씀하셨습니다.
"누가 내 어머니이냐? 누가 내 형제들이냐?" 그리고 그분의

손을 자기 제자들에게 내밀며 말씀하셨습니다. “오! 내 어머니와 내 형제들이다.

287 누구든지 하늘들에 계신 내 아버지의 뜻을 행하는 자, 그가 내 형제이며 자매이며 어머니이기 때문이다.”

• 전무후무한 성경 •

NEW

• 세계 최초 1:1 대응 번역 •

288절~400절 [개역개정, KJV 13:1~16:12]

유사복음과 순수복음

5장

NEW
마태복음

288 **그 날에 예수님께서는 집에서 나와 바닷가에 앉으셨습니다. 많은 군중들이 그분에게 모였으므로, 그분은 배로 올라 앉으시고 모든 군중은 해변에 서있었습니다.**

289 **그분은 많은 것들을 그들에게 비유로 말씀하시며 얘기하셨습니다.** "오! 씨뿌리는 자가 씨뿌리러 나갔다.

290 그가 씨뿌리는데 일부는 길가에 떨어졌으며 새들이 왔으며 그것들을 먹어버렸다.

291 다른 일부는 돌밭에 떨어졌는데, 그 곳은 땅을 많이 갖지않았고 땅의 깊이를 갖지않았기 때문에 곧바로 싹났으나, 태양이 솟아올라 태워졌는데 뿌리를 갖지않았기 때문에 말랐다.

292 다른 일부는 가시나무들에 떨어졌으며 가시나무들이 올라갔으며 그것들을 질식시켰다.

293 다른 일부는 좋은 땅에 떨어졌으며, 하나는 100, 하나는
60, 하나는 30의 열매를 주었다.

294 들을 귀를 갖고있는 자는 들어라!"

295 **제자들이 나아와 그분께 말했습니다. "무엇때문에 그들에게
비유로 얘기하십니까?" 그러자 그분이 대답하여 그들에게
말씀하셨습니다.** "너희에게는 하늘들의 왕국의 비밀들을 알
도록 주어졌으나, 그들에게는 주어지지 않았다.

296 누구든지 갖고있는 자, 그에게는 주어질 것이며 남겨질 것
이지만, 누구든지 갖고있지 않은 자, 그에게서는 갖고있는
것도 들고가질 것이다.

297 이러므로 내가 그들에게 비유로 얘기하는데, 그들이 보아도
보지 못하며 들어도 듣지 못하며 깨닫지도 못하는 것이다.

298 이사야의 예언이 그들에게 이루어졌는데, '너희가 듣기는
들을 것이나 결코 깨닫지 못할 것이며, 보기는 보아도 결코
보지 못할 것이다.

299 이 백성의 마음이 완악하여졌으며, 귀로는 둔하게 들었으며
그들의 눈을 감았기 때문이다. 그들이 눈으로 보고 귀로 듣

고 마음으로 깨달아 돌아와, 내가 그들을 낫게하지 않기 위함이다'라고 말한 것이다.

300 그러나 너희의 눈은, 보니, 복있으며, 너희의 귀는, 들으니, 복있다.

301 진실로 너희에게 말하는데, 많은 선지자들과 의인들은 너희가 보는 것들을 보기를 사모하였지만 보지 못했으며, 너희가 듣는 것들을 듣기를 사모하였지만 듣지 못했다.

302 그런즉 너희는 씨뿌리는 자의 비유를 들어라! 왕국의 말씀을 듣고 깨닫지 못하는 모든 자에게, 악한 자가 와서 그 마음에 씨뿌려진 것을 빼앗는데, 이 자가 길가에 씨뿌려진 자다.

303 돌밭에 씨뿌려진 자, 이 자는 말씀을 듣고 곧바로 기쁨으로 그것을 받으나, 자신 안에 뿌리를 갖고있지 않아, 다만 잠깐만 있다가 말씀 때문에 환난이나 핍박이 일어나 곧바로 실족되는 자다.

304 가시나무들에 씨뿌려진 자, 이 자는 말씀을 들으나 이 세상의 염려와 부유함의 유혹이 말씀을 막아 열매없게 되는 자다.

305 좋은 땅에 씨뿌려진 자, 이 자는 말씀을 듣고 깨닫는 자이
며, 열매맺어 하나는 100, 하나는 60, 하나는 30을 만드는
자다."

306 **그분이 그들에게 다른 비유를 내주어 말씀하셨습니다.** "하늘
들의 왕국은 그의 밭에 좋은 씨를 씨뿌린 사람과 비슷하게
여겨졌다. 사람들이 자는데 그의 원수가 왔으며 밀 한가운
데 가라지들을 씨뿌리고 갔다.

307 그러나 풀이 싹났으며 열매를 맺었을 때, 그때 가라지들도
나타났다.

308 그러자 집주인의 종들이 나아와 그에게 말했다. '주인님! 당
신의 밭에 좋은 씨를 씨뿌리지 않았습니까? 그런즉 어디서
가라지들을 가졌습니까?' 그러자 그가 그들에게 들려주었
다. '원수된 사람이 이것을 행하였다.'

309 종들이 그에게 말했다. '그런즉 가서 그것을 골라내기를 원
하십니까?' 그러나 그가 들려주었다. '아니다! 가라지들을
골라내다가 그것들과 한가지로 밀을 뽑지 않기 위함이다.

310 추수 때까지 둘이 함께자라도록 허용해라!' 추수의 때에 내
가 추수꾼들에게 말할 것이다. '첫번째로 가라지들을 골라

내라! 그것들을 불태우게 단으로 그것들을 묶어라! 그러나 밀은 내 곳간으로 모아라!'"

311 그분이 다른 비유를 내주어 그들에게 말씀하셨습니다. "하늘들의 왕국은, 사람이 받아 자기 밭에 씨뿌린, 겨자 한알과 비슷하다. 그것은 모든 씨들보다 더작지만, 자랐을 땐 채소들보다 더커진다.

312 그러나 하늘의 새들이 와서 그 가지들에 깃들정도로 나무가 된다."

313 다른 비유를 그들에게 얘기하셨습니다. "하늘들의 왕국은 여자가 받아서 전부가 부풀 때까지 3 스아 가루에 넣은 누룩과 비슷하다."

314 예수님께서는 군중들에게 이 모든 것들을 비유들로 얘기하셨으며, 비유 외에 그들에게 얘기하지 않으셨는데, 그럼으로써 선지자를 통해 말씀하시기를, '비유로 내 입을 열 것이며, 세상의 창조부터 감추인 것들을 내뱉을 것이다'라고 선포된 것이 성취되었습니다.

315 그때 군중들을 버려두시고 예수님께서 집으로 가셨으며, 그분의 제자들이 "밭의 가라지들의 비유를 우리에게 설명해주

십시오!"라고 말하며 그분께 나아왔습니다.

316 **그분이 대답하여 그들에게 말씀하셨습니다.** "좋은 씨를 씨
뿌리는 자는 사람의 아들이며, 밭은 세상이며, 좋은 씨 이들
은 왕국의 아들들이며, 가라지들은 악한 자의 아들들이며,
그것들을 씨뿌리는 원수는 마귀이며, 추수는 세상의 종말이
며, 추수꾼들은 천사들이다.

317 그런즉 가라지들이 골라내져 불에 태워지는 것처럼, 이 세
상의 종말에도 이같을 것이다.

318 사람의 아들이 자기 천사들을 보낼 것이다. 그들이 모든 실
족들과 불법을 행하는 자들을 그의 왕국에서 골라낼 것이
며, 그들을 불의 용광로에 던질 것이다. 거기서 울음과 이를
갊이 있을 것이다.

319 그때 의인들은 그들의 아버지의 왕국에서 태양같이 빛날 것
이다.

320 들을 귀를 갖고있는 자는 들어라!

321 또한 하늘들의 왕국은 밭에 감추인 보물과 비슷한데, 사람
이 발견하고는 감추었으며, 그의 기쁨으로 가서 가진 모든

것들을 팔아서 그 밭을 산다.

322 또한 하늘들의 왕국은 좋은 진주들을 찾는 상인인 사람과 비슷한데, 그는 값비싼 진주 하나를 발견하고 가서 가진 모든 것들을 팔아서 그것을 샀다.

323 또한 하늘들의 왕국은 바다에 던져져 모든 종류에서 모으는 그물과 비슷한데, 가득채워질 땐 해변에 끌어내어 앉아서 좋은 것들은 그릇에 골라냈으며 못된 것들은 밖에 던졌다.

324 세상 종말에 이같을 것인데, 천사들이 나올 것이며, 의인들 한가운데서 악인들을 갈라낼 것이며, 그들을 불의 용광로로 던질 것이며, 거기서 울음과 이를 갊이 있을 것이다."

325 **예수님께서 그들에게 말씀하십니다.** "이 모든 것들을 깨달았느냐?" **그들이 그분께 말합니다. "그렇습니다! 주님!"**

326 **그분이 그들에게 말씀하셨습니다.** "이러므로 하늘들의 왕국으로 제자된 모든 서기관은 그의 곳간에서 새것들과 옛것들을 내보내는 집주인인 사람과 비슷하다."

327 **예수님께서 이 비유들을 끝마치시게 되었으며 거기서 이동하셨습니다. 그분의 고향으로 오셔서 그들의 회당에서 그들**

을 가르치셨는데, 그럼으로써 그들이 놀라 "이 분에게의 이 지혜와 능력들이 어디서났느냐? 이 분은 목수 아들이지 않느냐? 그분의 어머니는 마리아라 하며, 그분의 형제들은 야고보와 요셉과 시몬과 유다라 하지 않느냐? 그분의 누이들이 모두 우리와 있지 않느냐? 그런즉 이 분에게의 이 모든 것들이 어디서났느냐?"라고 말했습니다. 그들은 그분으로 실족되었습니다.

328 예수님께서 그들에게 말씀하셨습니다. "선지자는 자기 고향과 자기 집 외에서는 존경없음이 없다."

329 그분은 그들의 믿음없음 때문에 거기서 많은 능력들을 행하지 않으셨습니다.

330 그 때에 4분봉왕 헤롯이 예수님의 소문을 들었으며 자기 하인들에게 말했습니다. "이 자는 세례 요한이다. 그가 죽은 자들에서 일으켜졌으니 이러므로 능력들이 그 안에서 역사한다."

331 헤롯이 그의 형제 빌립의 여자 헤로디아 때문에 요한을 붙잡아 그를 묶었으며 감옥에 두었기 때문입니다.

332 요한이 그에게, "그녀를 갖는 것이 당신에게 옳지 않습니다"

라고 말했기 때문입니다.

333 그가 그를 죽이기를 원했지만 군중이 그를 선지자로서 갖고 있기에 군중을 두려워하였습니다.

334 헤롯의 생일에 끌려가져 헤로디아의 딸이 한가운데서 춤추었으며 헤롯을 기쁘게하였는데, 거기서 그는 그녀가 무엇을 구하든지 그녀에게 줄 것을 맹세로 공언하였습니다.

335 그녀는 자기 어머니에게서 사주받아, '제게 주십시오! 세례요한의 머리를 여기 쟁반에'라고 들려줍니다.

336 왕은 근심하였으나 맹세 및 함께앉은 자들 때문에 주라고 명하였으며, 사람을보내 감옥에서 요한을 목베었습니다.

337 그의 머리가 쟁반에 가져와졌으며 소녀에게 주어졌으며, 그녀는 그녀의 어머니에게 가져갔습니다.

338 그의 제자들이 나아와 몸을 들고갔으며 그것을 장례하였습니다. 그리고 가서 예수님께 전하였습니다.

339 예수님께서 들으시고 거기서 배로 한적한 장소로 따로 물러가셨습니다.

340 군중들이 듣고 성들에서 도보로 그분을 따랐습니다.

341 예수님께서 나오셔서 많은 군중을 보셨으며 그들을 불쌍히여
기셨으며 그들 중 병든 자들을 고치셨습니다.

342 저물게 되어 그분의 제자들이, "장소가 한적하며 이미 시간
이 지나갔습니다. 군중들이 마을들로 가서 자신들에게 양식
들을 사도록 그들을 놓아보내십시오!"라고 말하며 그분께 나
아왔습니다.

343 그러자 예수님께서 그들에게 말씀하셨습니다. "그들이 갈 필
요를 갖고있지 않다. 너희가 그들에게 먹을 것을 주어라!"

344 그들이 그분께 말합니다. "여기 다섯 개의 빵과 두 마리의 물
고기 외에는 가지고있지 않습니다."

345 그분이 말씀하셨습니다. "그것들을 여기 내게 가져와라!"

346 그리고 군중들에게 풀에 앉으라고 명하시고 다섯 개의 빵과
두 마리의 물고기를 받으시고 하늘로 올려보시고 축복하셨습
니다. 그리고 떼어 제자들에게 빵들을 주셨으며, 그러자 제자
들이 군중들에게 주었습니다.

347 모두가 먹고 배불렀으며, 조각들의 남은 것, 곧, 가득찬 열두 바구니를 들고갔습니다.

348 식사한 자들은 여자들과 아이들 외에 5,000명 정도의 남자들이었습니다.

349 곧바로 예수님께서는 그분이 군중들을 놓아보내시기까지, 그분의 제자들에게 배로 올라 건너편으로 자기를 앞서가도록 강권하셨습니다.

350 군중들을 놓아보내시고는 기도하러 따로 산으로 올라가셨습니다.

351 저물게 되어 오직 거기 계셨습니다.

352 배가 이미 바다 한가운데 있었으며 물결에게서 괴로워하였는데, 바람이 대항하고 있었기 때문입니다.

353 밤 제 4경에, 예수님께서 바다 위를 걸어서 그들에게 가셨습니다.

354 제자들은 바다 위를 걸어오시는 그분을 보고, "유령이다"라고 말하며 요동되었으며, 두려움으로 소리질렀습니다.

355 곧바로 예수님께서 말씀하시기를, “담대해라! 나다. 두려워하지 말아라!”라고 얘기하셨습니다.

356 베드로가 그분께 대답하여 말했습니다. “주님! 당신이시라면 물위로 당신에게 오라고 저를 명해주십시오!”

357 그분이 말씀하셨습니다. “와라!”

358 베드로가 배에서 내려 예수님에게 가려고 물 위를 걸었습니다.

359 그러자 강한 바람을 바라보고 두려워하였으며, 빠지기 시작하자, “주님! 저를 구원해주십시오!”라고 말하며 소리질렀습니다.

360 곧바로 예수님께서 손을 내밀어 그를 붙잡으셨으며, 그에게 말씀하십니다. “믿음적은 자야! 무엇에 의심하였느냐?” 그들이 배로 오르자 바람이 멎었습니다. 그러자 배 안에 있는 자들이 와서, “참으로 하나님의 아들이십니다”라고 말하며 그분께 예배하였습니다.

361 그들은 건너가 게네사렛 땅으로 왔습니다.

362 그 장소의 남자들이 그분을 알고 그 온 주변지방으로 사람보내었으며 나쁘게 갖고있는 모든 자들을 그분께 바쳤습니다. 그리고 그분의 겉옷 자락을 만지기만 할 것을 그분께 권면하였으며, 만지는 자들은 구함받았습니다.

363 그때 예루살렘에서 서기관들과 바리새인들이 예수님께, "무엇때문에 당신의 제자들은 장로들의 전통을 범합니까? 빵을 식사할 때 그들의 손을 씻지 않기 때문입니다"라고 말하며 나아옵니다.

364 그분이 대답하여 그들에게 말씀하셨습니다. "무엇때문에, 너희는 너희의 전통 때문에 하나님의 계명을 범하느냐? 하나님께서 말씀하시기를, '네 아버지와 어머니를 공경해라!' 그리고 '아버지나 어머니를 악담하는 자는 죽음으로 사망하게 해라!'라고 명하셨기 때문이다.

365 너희는 '아버지나 어머니에게 "예물 곧 무엇이든지 당신이 나에게서 유익얻을 것"이라고 말하는 자마다 결코 그의 아버지나 그의 어머니를 공경하지 말 것이다'라고 말하는데, 너희는 너희의 전통 때문에 하나님의 계명을 폐하였다.

366 위선자들아! 이사야가 너희에 대하여 말하기를, '이 백성이 그들의 입으로는 내게 가까이오며 입술로는 나를 공경하나,

그들의 마음은 내게서 멀리 떨어져있다.

367 사람들의 계명들을 교훈들로 가르치니 나를 헛되이 존중한다'라고 좋게 예언하였다."

368 **그리고 군중을 불러 그들에게 말씀하셨습니다.** "들어라! 그리고 깨달아라!

369 입으로 들어가는 것이 사람을 더럽히는 것이 아니라, 다만 입에서 나오는 것, 이것이 사람을 더럽힌다."

370 **그때 그분의 제자들이 나아와 그분께 말했습니다. "바리새인들이 말씀을 듣고, 실족된 것을 아셨습니까?" 그러자 그분이 대답하여 말씀하셨습니다.** "하늘의 내 아버지께서 심지 않으신 모든 심음은 뽑힐 것이다.

371 그들을 버려둬라! 인도자들이 눈먼 눈먼 자들이다. 만약 눈먼 자가 눈먼 자를 인도한다면 둘이 구덩이로 떨어질 것이다."

372 **베드로가 대답하여 그분께 말했습니다. "우리에게 이 비유를 설명해주십시오!"**

373 그러자 예수님께서 말씀하셨습니다. "아직까지 너희도 못깨
닫느냐? 입으로 들어가는 것이 모두 배로 수용되어 뒤로 내
보내지는 것을 통찰하지 못하느냐? 입에서 나오는 것들은
마음에서 나오는데, 그것들이 사람을 더럽힌다.

374 마음에서 악한 생각들, 살인들, 간음들, 음행들, 도둑질들,
거짓증거들, 모독들이 나오기 때문이다.

375 이것들이 사람을 더럽히는 것들이지, 씻지않은 손으로 먹는
것이 사람을 더럽히지 못한다."

376 예수님께서 거기서 나오셔서 두로와 시돈 지방으로 물러가셨
습니다.

377 오! 가나안 여자가 그 지역에서 나와서 그분께 말하기를, "저
를 긍휼히여겨주십시오! 주님! 다윗의 아들이여! 제 딸이 나
쁘게 귀신들렸습니다"라고 소리쳤습니다.

378 그러나 그분은 그녀에게 한 말씀도 대답하지 않으셨습니다.

379 그분의 제자들이 나아와 말하기를, "그녀를 놓아보내십시오!
우리 뒤에서 소리지릅니다"라고 그분께 요구하여물었습니
다. 그러자 그분이 대답하여 말씀하셨습니다. "나는 이스라

엘 집의 멸망한 양들 외에는 보내지지 않았다."

380 그녀가 와서 그분께, "주님! 저를 도와주십시오!"라고 말하며 예배하였습니다.

381 그분이 대답하여 말씀하셨습니다. "자녀들의 빵을 받아서 개들에게 던지는 것은 좋지 않다."

382 그녀가 말했습니다. "그렇습니다! 주님! 개들도 자기들의 주인들의 상에서 떨어지는 부스러기들을 식사하기 때문입니다."

383 그때 예수님께서 대답하여 그녀에게 말씀하셨습니다. "오오! 여자야! 네 믿음이 크다. 원하는 대로 네게 되어라!"

384 그 시간부터 그녀의 딸이 나았습니다.

385 예수님께서 거기서 옮겨가셔서 갈릴리 바닷가에 오셨습니다. 그리고 산으로 올라가 거기 앉으셨습니다.

386 많은 군중들이 자신들과 함께 저는 자들과 눈먼 자들과 말못하는 자들과 불구된 자들과 또다른 많은 자들을 가지고 예수님께 나아왔으며, 그분의 발 곁에 그들을 던져놓았습니다. 그

러자 그분이 그들을 고치셨습니다. 그럼으로써 군중들은 말 못하는 자들이 얘기하고 불구된 자들이 온전해지고 저는 자들이 걸으며 눈먼 자들이 보는 것을 보고 기이히여겨, 이스라엘의 하나님께 영광돌렸습니다.

387 예수님께서 그분의 제자들을 불러 말씀하셨습니다. "군중에 대해 불쌍히여기니, 이미 3일을 내 앞에머물렀으나 먹을 무엇을 갖고있지 않다. 그들을 굶겨서 놓아보내기를 원치않으니 그들이 길에서 낙심되지 않게 하기 위함이다."

388 그분의 제자들이 그분께 말합니다. "광야에 있는 우리에게, 이만한 군중을 배불릴 정도의 이만한 빵들이 어딨습니까?" 예수님께서 그들에게 말씀하십니다. "몇 개의 빵을 갖고있느냐?" 그러자 그들이 말했습니다. "일곱 개가 있고, 생선을 적게 갖고있습니다."

389 그분은 군중들을 땅에 앉도록 명하셨습니다. 그리고 일곱 개의 빵과 물고기들을 받으시고 감사하시고 떼셨으며 그분의 제자들에게 주셨고, 그러자 제자들도 군중에게 주었습니다.

390 모두가 먹고 배불렀으며, 조각들의 남은 것 곧 가득찬 일곱 광주리를 들고갔습니다.

391 식사한 자들은 여자들과 아이들 외에 4,000명의 남자들이었습니다.

392 그리고 군중들을 놓아보내시고 배로 오르셨으며 막달라 지역으로 가셨습니다.

393 바리새인들과 사두개인들이 나아와 시험하여 자기들에게 보이실 하늘에서의 표적을 그분께 물었습니다. 그러자 그분이 대답하여 그들에게 말씀하셨습니다. "저물게 되어, '좋은날씨'라고 말하는데, 하늘이 붉기 때문이다.

394 새벽에는, '오늘은 겨울이다'라고 말하는데, 하늘이 흐리면서 붉기 때문이다.

395 위선자들아! 너희가 하늘의 얼굴은 분별할줄 알면서, 때들의 표적들은 분별할 수 없느냐? 악하고 간음하는 세대는 표적을 간구하나, 선지자 요나의 표적 외에는 표적이 그에게 주어지지 않을 것이다."

396 그리고 그들을 떠나서 가셨습니다.

397 그분의 제자들이 건너편으로 가는데 빵을 받는 것을 잊어버렸습니다.

398 예수님께서 그들에게 말씀하셨습니다. "바리새인들과 사두개인들의 누룩을 살펴보아라! 그리고 조심해라!"

399 그러자 그들이 서로 말하기를, "우리가 빵을 받지 않았다"라고 의논하였습니다.

400 예수님께서는 아시고 그들에게 말씀하셨습니다. "왜 빵을 받지 않았다고 서로 의논하느냐? 믿음적은 자들아! 5,000명의 다섯 개 빵을 통찰하지도 못하고 기억하지도 못하느냐? 몇 바구니를 받았느냐? 4,000명의 일곱 개 빵을 통찰하지도 못하고 기억하지도 못하느냐? 몇 광주리를 받았느냐? 내가 너희에게 빵에 대하여가 아니라 바리새인들과 사두개인들의 누룩을 조심하라고 말한 것을 어떻게 통찰하지 못하느냐?" 그때 그들은 그분이 빵의 누룩을 조심하라고 말씀하신 것이 아니라 다만 바리새인들과 사두개인들의 가르침을 조심하라고 말씀하신 것을 깨달았습니다.

6장

401절~497절 [개역개정, KJV 16:13~20:16]

구원상실과 그 이유

6장

NEW
마태복음

401 예수님께서 빌립 가이사랴 지방으로 오셔서 그분의 제자들에게 말씀하시기를, "사람들은 사람의 아들인 나를 누구라고 말하느냐?"라고 요구하여물으셨습니다. 그러자 그들이 말했습니다. "일부는 세례 요한, 다른 자들은 엘리야, 또다른 자들은 예레미야나 선지자들 중 한 명이라 말합니다."

402 그분이 그들에게 말씀하십니다. "그러면 너희는 나를 누구라고 말하느냐?" 그러자 시몬 베드로가 대답하여 말했습니다. "당신은 그리스도 곧 살아계신, 하나님의 아들이십니다."

403 예수님께서 대답하여 그에게 말씀하셨습니다. "복있으니, 시몬! 요나의 아들아! 육체와 피가 네게 나타낸 것이 아니라 다만 하늘들에 계신 내 아버지께서 나타내셨다.

404 나도 네게 말하는데, 너는 베드로니, 이 바위 위에 내 교회를 지을 것이며, 지옥의 출입문들이 그것을 이기지 못할 것이다.

405 네게 하늘들의 왕국의 열쇠들을 줄 것이니, 만약 네가 땅에
서 묶는다면, 그것이 하늘들에서 묶일 것이며, 만약 네가 땅
에서 푼다면, 그것이 하늘들에서 풀릴 것이다."

406 그때 자기 제자들에게 자신이 그리스도 예수이신 것을 아무
에게도 말하지 말라고 경계하셨습니다.

407 그때부터 예수님은 그분의 제자들에게 보여주시기 시작하셨
는데, 그분이 예루살렘으로 가셔서 장로들과 대제사장들과
서기관들에게 많은 것들로 고난받고 죽임당하고 3일 째에 일
으켜져야 한다는 것입니다.

408 베드로가 그분께 다가가 꾸짖기 시작했는데, "주님! 당신께
긍휼이 임하시기를! 결코 당신께 이 일이 있지 않을 것입니
다"라고 말했습니다.

409 그분이 돌아서서 베드로에게 말씀하셨습니다. "내 뒤로 가
라! 사탄아! 너는 나의 실족이니, 네가 하나님의 일들을 생
각하지 않고 다만 사람들의 일들을 생각한다."

410 그때 예수님께서 그분의 제자들에게 말씀하셨습니다. "누군
가 내 뒤로 오기를 원한다면, 자신을 부인해라! 그리고 자기
십자가를 들고가라! 그리고 나를 따라라!

411 왜냐하면 자기 영혼을 구원하기를 원하는 자마다 그것을 멸할 것이나, 나를 인하여 자기 영혼을 멸하는 자마다 그것을 발견할 것이기 때문이다. 왜냐하면 사람이 만약 온 세상을 얻으나 자기 영혼을 잃는다면 무엇이 유익되겠느냐? 또는 사람이 자기 영혼의 교환으로 무엇을 줄 것인가? 사람의 아들이 자기 천사들과 함께 자기 아버지의 영광으로 오게 되는 것이기 때문이다. 그때 자기 행위를 따라 각각에게 갚으실 것이다.

412 진실로 너희에게 말하는데, 여기 서있는 자들 중 사람의 아들이 자기 왕국 안에 오는 것을 볼 때까지 죽음을 맛보지 않을 어떤 자들이 있다."

413 6일 후, 예수님께서는 베드로와 야고보와 그의 형제 요한을 데리고, 따로 높은 산으로 그들을 올리셨습니다.

414 그리고 그들 앞에서 변형되셨으며 그분의 얼굴이 태양같이 비추었으며 그분의 겉옷들은 빛과 같이 희게 되었습니다.

415 오! 모세와 엘리야가 그분과 함께 대화하는 것이 그들에게 보였습니다.

416 베드로가 대답하여 예수님께 말했습니다. "주님! 우리가 여

기 있는 것이 좋으니, 원하신다면, 여기 세개의 성막을 만들겠는데, 당신에게 하나 모세에게 하나 그리고 하나는 엘리야에게입니다."

417 여전히 그가 얘기하는데, 오! 밝은 구름이 그들을 덮었으며, 오! 구름에서, "이 자는 사랑하는, 내 아들이며, 내가 기뻐하는 자다. 그에게 들어라!"라고 말하는 음성.

418 제자들이 듣고 그들의 얼굴을 대고 엎드렸으며 매우 두려워하였습니다.

419 예수님께서 나아와 그들을 켜셨으며 말씀하셨습니다. "일으켜져라! 두려워하지 말아라!"

420 그들이 자기들의 눈을 들었는데 오직 예수님 외에 아무도 보지 못했습니다.

421 그들이 산에서 내려오는데 예수님께서 말씀하시기를, "사람의 아들이 죽은 자들에서 일어서기까지 아무에게도 환상을 말하지 말 것이다"라고 그들에게 명하셨습니다.

422 그분의 제자들이 말하기를, "그런즉 왜 서기관들은 엘리야가 첫번째로 와야 한다고 말합니까?"라고 그분께 물었습니

다. 그러자 예수님께서 대답하여 그들에게 말씀하셨습니다. "엘리야가 첫번째로 오며 모든 것들을 회복시킬 것이나, 너희에게 말하는데 엘리야가 이미 왔으나 그를 알지 못했으며 다만 그들이 원하는 것들을 그에게 행하였다. 이같이 사람의 아들도 그들에게서 고난받게 되는 것이다."

423 그때 제자들은 그분이 그들에게 세례 요한에 대하여 말씀하셨다는 것을 깨달았습니다.

424 그들이 군중에게 오는데, 한 사람이 그분께 나아와 그분께 무릎꿇고 말했습니다. "주님! 제 아들을 긍휼히여겨주십시오! 간질하며 나쁘게 고난받는데, 그가 불로 자주 엎드려지며 물로도 자주 엎드려지기 때문입니다.

425 당신의 제자들에게 그를 바쳤으나, 그를 고칠 수 없었습니다."

426 예수님께서 대답하여 말씀하셨습니다. "오오! 믿음없고 거역하는 세대여! 언제까지 너희와 함께 있을 것인가? 언제까지 너희를 용납할 것인가? 그를 여기 내게 데려와라!"

427 예수님께서 그를 꾸짖으셨으며, 그에게서 귀신이 나갔으며, 그 시간부터 아이가 고침받았습니다.

428 그때 제자들이 예수님께 따로 나아와 말했습니다. "무엇때문
에 우리는 그것을 내보낼 수 없었습니까?" 그러자 예수님께
서 그들에게 말씀하셨습니다. "너희의 믿음없음 때문이다.

429 진실로 너희에게 말하는데, 만약 겨자 한알 같은 믿음을 갖고
있다면 이 산에게 '여기서 거기로 옮겨가라!'라고 말한다면,
그것이 옮겨갈 것이며, 어떤 것도 너희에게 능치못하지 않을
것이다. 이런 종류는 기도와 금식 외에는 나오지 않는다."

430 그들이 갈릴리에서 활동하고 있는데 예수님께서 그들에게 말
씀하셨습니다. "사람의 아들이 사람들의 손으로 넘겨지게
될 것이며, 그들이 그를 죽일 것이며, 그는 제3일에 일으켜
질 것이다."

431 그들은 매우 근심하였습니다.

432 그들이 가버나움으로 오는데 두드라크마를 받는 자들이 베드
로에게 나아왔으며 말했습니다. "너희 선생님은 두드라크마
를 세금내시지 않느냐?" 그가 말합니다. "세금내신다!"

433 그가 집으로 들어갔을 때, 예수님께서 그를 앞지르시고, "시
몬아! 무엇이 네게 생각나느냐? 땅의 왕들은 누구에게서 세
금들이나 머리세를 받느냐? 그들의 아들들에게서냐? 아니

면 남들에게서냐?"라고 말씀하셨습니다. 베드로가 그분께 말합니다. "남들에게서입니다."

434 예수님께서 그에게 들려주셨습니다. "그렇다면 아들들은 자유하다.

435 그러나 우리가 그들을 실족게하지 않기 위하여, 너는 바다로 가서 낚시를 던져라! 그리고 첫번째 올라오는 물고기를 들고와라! 그리고 그 입을 열면 한 세겔을 발견할 것이다. 그것을 받아서 나와 너에 대해 그들에게 주어라!"

436 그 시간에 제자들이 "그렇다면 하늘들의 왕국에서 누가 더큽니까?"라고 말하며 예수님께 나아왔습니다, 예수님께서 아이를 불러 그들 한가운데에 그를 세우셨으며, 말씀하셨습니다. "진실로 너희에게 말하는데, 만약 돌아서져 아이들과 같이 되지 않으면 결코 하늘들의 왕국으로 들어가지 못하리라.

437 그런즉 누구든지 이 아이 같이 자신을 낮추는 자, 이 자가 하늘들의 왕국에서 더큰 자다.

438 만약 내 이름으로 이런 아이 한 명을 영접하는 자는, 나를 영접하는 것이다. 나를 믿는 이 작은 자들 중 한 명을 실족게하는 자마다 자기 목에 나귀의 맷돌이 달려져 바다 깊은

데 빠지는 것이 그에게 유익하다.

439 실족들로 세상에 화있다! 실족들이 오는 것은 부득이함이며, 그렇지만 그 때문에 실족이 오는 그 사람에게는 화있기 때문이다.

440 그러나 네 손이나 네 발이 너를 실족게한다면 그것을 찍어버려라! 그리고 네게서 던져라! 저는 자나 불구된 자로 생명으로 들어가는 것이 두 손이나 두 발을 가지고 영원한 불로 던져지는 것보다 네게 좋다.

441 네 눈이 너를 실족게한다면 그것을 빼어라! 그리고 네게서 던져라! 외눈으로 생명에 들어가는 것이 두 눈을 가지고 불의 지옥불로 던져지는 것보다 네게 좋다.

442 이 작은 자들 중 한 명을 경히여기지 않도록 살펴보아라! 너희에게 말하는데 하늘들에서 그들의 천사들이 계속 하늘들에 계신 내 아버지의 얼굴을 바라보기 때문이다. 사람의 아들은 멸망당한 자를 구원하러 왔기 때문이다.

443 무엇이 너희에게 생각나느냐? 만약 어떤 사람에게 100마리의 양이 있고 그들 중에 하나가 미혹되었다면, 99마리를 산에 버려두고 가서 미혹된 것을 찾지 않겠느냐? 만약 그것을

발견하게 되면, 진실로 너희에게 말하는데 미혹되지 않은 99마리에보다 그것에 더욱 기뻐한다.

444 이같이 이 작은 자들 중 한 명이 멸망하는 것은, 하늘들에 계신 너희 아버지 앞에서의 뜻이 아니다.

445 만약 네 형제가 네게 범죄한다면, 가라! 그리고 오직 너와 그 사이에서 그를 책망해라!

446 만약 너를 듣는다면, 너는 네 형제를 얻은 것이지만, 만약 그가 듣지 않는다면, 둘이나 세 증인들의 입으로 모든 증언이 세워지기 위해 한 명이나 두 명을 너와 함께 더 데려가라!

447 만약 그들에게 흘려듣는다면 교회에 말해라! 만약 교회에게도 흘려듣는다면 네게 이방인과 세금징수원처럼 있게해라!

448 진실로 너희에게 말하는데, 만약 너희가 땅에서 묶는다면, 그것이 하늘에서 묶일 것이며, 만약 땅에서 푼다면, 그것이 하늘에서 풀릴 것이다.

449 다시 너희에게 말하는데, 만약 너희 중 둘이 구하는 모든 사항에 대하여 땅에서 합심한다면, 하늘들에 계신 내 아버지에게서 그들에게 될 것이다.

450 둘이나 셋이 나의 이름으로 모여있는 곳, 거기에 내가 그들 한가운데에 있기 때문이다."

451 **그때 베드로가 그분께 나아와 말했습니다. "주님! 제 형제가 제게 범죄하면 저는 그를 몇 번을 사해줍니까? 일곱 번까지입니까?" 예수님께서 그에게 말씀하십니다.** "네게 말하는데 일곱 번까지가 아니라, 다만 일곱의 70번까지이다.

452 이러므로 하늘들의 왕국은 자기 종들과 함께 말씀으로 결산하기를 원한 왕인 사람과 비슷하게여겨졌다.

453 그가 결산하기를 시작하여, 10,000달란트 빚진자 한 명이 그에게 바쳐졌다.

454 그가 갚을 것을 갖고있지 않아, 그의 주인이 그와 그의 여자와 자녀들과 가진 모든 것들을 팔아 갚으라고 명하였다.

455 그런즉 종이 엎드려 그에게 '주님! 제게 참아주십시오! 그러면 당신께 모든 것을 갚을 것입니다'라고 말하며 예배하였다.

456 그러자 그 종의 주인은 불쌍히여겨 그를 놓아보냈으며, 그에게 빚을 사해주었다.

457 그 종이 나가서 자기에게 100데나리온 빚진 자기 동료종들 중 한 명을 발견하였으며, 그를 붙잡고 '빚진 것을 내게 갚아라!'라고 말하며 목잡았다.

458 그런즉 그의 동료종이 그의 발에 엎드려, '내게 참아주게! 네게 모든 것들을 갚을 것이다'라고 말하며 그에게 권면하였다.

459 그러자 그는 원치 않고, 다만 가서 그가 빚진 것을 갚기까지 그를 감옥에 던졌다.

460 그의 동료종들이 되어진 일들을 보고 매우 근심하였으며, 가서 되어진 모든 일들을 그들의 주인에게 고했다.

461 그때 그의 주인이 그를 불러 그에게 말한다. '악한 종아! 내게 권면하였기에 그 모든 빚을 네게서 사했는데, 내가 너를 긍휼히여긴 것같이 너도 네 동료종을 긍휼히여겨야 하지 않느냐?' 그의 주인이 화내어 자기에게 빚진 모든 것을 갚기까지 그를 고문자들에게 넘겨주었다.

462 만약 각각 너희 마음으로 그의 형제에게서 그들의 과실들을 사하지 않는다면, 하늘위 내 아버지께서도 너희에게 이같이 행하실 것이다."

463 예수님께서 이 말씀들을 끝마치시게 되었으며, 갈릴리에서 이동하셨으며, 요단 건너 유대 지역으로 오셨습니다.

464 많은 군중들이 그분을 따랐으며, 그분이 거기서 그들을 고치셨습니다.

465 바리새인들이 그분을 시험하여, "모든 죄목을 따라 자기 여자를 놓아보내는 것이 사람에게 옳은지요?"라고 그분께 말하며 나아왔습니다. 그러자 그분이 대답하여 그들에게 말씀하셨습니다. "만드신 분이 처음부터 남성과 여성으로 그들을 만드셨으며, '이렇기에 사람이 아버지와 어머니를 떠날 것이며, 자기 여자와 합할 것이며 둘이 하나의 육체가 될 것이다'라고 말씀하신 것을 읽지 않았느냐? 그러므로 더이상 둘이 아니라 다만 하나의 육체이며, 그런즉 하나님이 짝지어 주신 것을 사람이 가르지 말아라!"

466 그들이 그분께 말합니다. "그런즉 왜 모세는 이혼 책을 주고 그녀를 놓아보내라고 명하였습니까?" 그분이 그들에게 말씀하십니다. "모세는 너희의 완악한마음으로 너희의 여자들을 놓아보내는 것을 너희에게 허락하였으나, 처음부터 이같이 된 것은 아니다.

467 너희에게 말하는데 음행 외에 자기 여자를 놓아보내고 다른

자와 결혼하는 자마다 간음하는 것이며, 놓아보내진 자와 결혼하는 자도 간음하는 것이다."

468 그분의 제자들이 그분께 말합니다. "여자와 함께하는 사람의 죄목이 이같다면 결혼하는 것이 유익하지 않습니다."

469 그러자 그분이 그들에게 말씀하셨습니다. "모든 자들이 이 말씀을 수용하지 못하지만 다만 주어진 자들은 수용한다.

470 어머니 태에서 이같이 낳아진 고자들도 있고, 사람들에게서 고자된 고자들도 있고, 하늘들의 왕국 때문에 자신을 고자한 고자들도 있기 때문이다.

471 수용할 수 있는 자는 수용해라!"

472 그때 아이들이 그분께 바쳐졌는데, 그들에게 양손을 얹어 기도해달라는 것이었습니다. 그러자 제자들이 그들을 꾸짖었습니다. 그러자 예수님께서 말씀하셨습니다. "아이들을 허용해라! 그리고 그들이 내게 오는 것을 금하지 말아라! 하늘들의 왕국은 이런자들의 것이기 때문이다."

473 그리고 양손을 그들에게 얹으시고 거기서 가셨습니다.

474 오! 한 명이 나아와 그분께 말했습니다. "선한 선생님! 제가 영원한 생명을 갖기 위해 무슨 선한 것을 행할까요?" 그러자 그분이 그에게 말씀하셨습니다. "왜 나를 선하다고 말하느냐? 한 분 곧 하나님 외에는 선한 자가 없다.

475 그러나 생명으로 들어가기를 원한다면 계명들을 지켜라!"

476 그가 그분께 말합니다. "무엇들입니까?" 그러자 예수님께서 말씀하셨습니다. "곧, 살인하지 말 것이며, 간음하지 말 것이며, 도둑질하지 말 것이며, 거짓증언하지 말 것이며, 네 아버지와 어머니를 공경해라! 그리고 네 이웃을 자신 같이 사랑할 것이다."

477 청년이 그분께 말합니다. "저의 소년기부터 이 모든 것들을 지켰습니다. 여전히 어떤 것이 부족합니까?" 예수님께서 그에게 들려주셨습니다. "온전해지기 원한다면, 가라! 네 소유한 것들을 팔아라! 그리고 가난한 자들에게 주어라! 그러면 하늘에 보물을 가질 것이다. 그리고 와서 나를 따라라!"

478 그러자 청년이 말씀을 듣고 근심하면서 갔는데, 많은 재물들을 가지고 있었기 때문입니다.

479 그러자 예수님께서 그분의 제자들에게 말씀하셨습니다. "진

실로 너희에게 말하는데, 부유한 자는 하늘들의 왕국에 어렵게 들어갈 것이다.

480 다시 너희에게 말하는데, 부유한 자가 하나님 왕국에 들어가는 것보다 낙타가 바늘의 눈으로 거쳐가는 것이 더쉽다."

481 **그러자 그분의 제자들이 듣고, "그렇다면 누가 구원받을 수 있습니까?"라고 말하며 매우 놀랐습니다. 그러자 예수님께서 쳐다보시고 그들에게 말씀하셨습니다.** "사람들에게는 이것이 불가능하지만 하나님에게는 모든 것들이 가능하시다."

482 **그때 베드로가 대답하여 그분께 말했습니다. "오! 우리는 모든 것들을 버려두었으며 당신을 따랐습니다. 그렇다면 우리에게 무엇이 있겠습니까?" 그러자 예수님께서 그들에게 말씀하셨습니다.** "진실로 너희에게 말하는데, 나를 따르는 너희는, 재창조시, 사람의 아들이 그의 영광의 보좌에 앉을 때, 너희도 열두 보좌에 앉아 이스라엘의 열두 지파를 심판할 것이다.

483 내 이름으로 인해 집들이나 형제들이나 자매들이나 아버지나 어머니나 여자나 자녀들이나 밭들을 버려둔 모든 자가 100배를 받을 것이며 영원한 생명을 상속할 것이다.

484 첫번째인 자들이 많이 마지막이 되고, 마지막인 자들이 많
이 첫번째가 될 것이다."

485 "하늘들의 왕국은 그의 포도원으로 일꾼들을 고용하려고 새
벽에 나간 집주인인 사람과 비슷하기 때문이다.

486 그는 하루 한 데나리온으로 일꾼들과 함께 합심하고, 그들
을 그의 포도원으로 보냈다.

487 그리고 9시에 나가서, 무익하게 시장에 서있는 다른 자들을
보았으며, 그들에게도 말했다. '너희도 포도원으로 가라! 그
러면 누구라도 의로운 것을, 내가 너희에게 줄 것이다.'

488 그러자 그들이 갔다.

489 다시 그가 12시 및 15시에 나가서 그와같이 행하였다.

490 17시에 나가서 무익하게 서있는 다른 자들을 발견하였으며
그들에게 말한다. '왜 종일 여기서 무익하게 서있느냐?' 그
들이 그에게 말한다. '아무도 우리를 고용하지 않았습니다.'

491 그가 그들에게 말한다. '너희도 포도원으로 가라! 그러면 누
구라도 의로운 것을, 너희가 받을 것이다.'

492 저물게 되어 포도원의 주인이 그의 청지기에게 말한다. '일꾼들을 불러라! 그리고 마지막인 자들부터 시작하여 첫번째인 자들까지 그들에게 보상을 갚아라!'

493 17시에 온 자들이 한데나리온 씩 받았다.

494 첫번째 온 자들은 와서 더많이 받을 것을 생각하였으나, 그들도 한데나리온 씩 받았다.

495 그러자 받고서 집주인을 향해, '이 마지막인 자들은 한 시간을 행하였으나 낮의 짐과 뜨거움을 짊어진 우리와 그들에게 동등하게 행하셨습니다'라고 말하며 원망하였다.

496 그러자 그가 대답하여 그들 중 한 명에게 말했다. '동료여! 나는 네게 불의하지 않았는데, 너는 나와 한데나리온으로 합심하지 않았느냐? 네 것을 들어라! 그리고 가라!

497 나는 이 마지막인 자에게 너와 같이 주기를 원하는데, 내 것으로 내가 원하는 것을 행하는 것이 내게 옳지 않느냐? 내가 선하기에 너의 눈이 악하냐?' 이같이 마지막인 자들이 첫번째가 될 것이며 첫번째인 자들이 마지막이 될 것이니, 초청한 자들은 많지만 선택한 자들은 적기 때문이다."

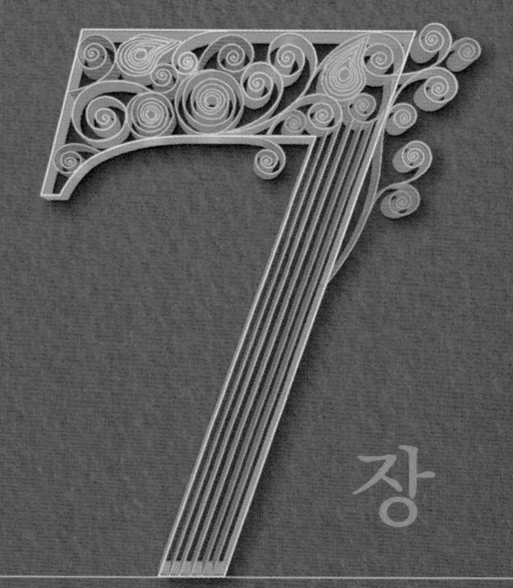

7장

498절~560절 [개역개정, KJV 20:17~22:14]

구원의 절대요소 : 믿음

7장

NEW
마태복음

498 예수님께서 예루살렘으로 올라가시는데 열두 제자를 길로 따로 데려가셨으며 그들에게 말씀하셨습니다. “오! 우리가 예루살렘으로 올라가며 사람의 아들은 대제사장들과 서기관들에게 넘겨질 것이며 그들이 그를 죽음으로 정죄할 것이며 희롱하고 채찍질하고 십자가에못박도록 그를 이방인들에게 넘겨줄 것이며 그는 제3일에 일어설 것이다.”

499 그때 세베대의 아들들의 어머니가 그분께 예배하며 그분에게서 무엇을 구하며 그녀의 아들들과 함께 그분께 나아왔습니다.

500 그러자 그분이 그녀에게 말씀하셨습니다. “무엇을 원하느냐?” 그녀가 그분께 말합니다. “저의 이 두 아들을 당신의 왕국에서 한 명은 당신의 오른편에 한 명은 왼편에 앉도록 말씀하십시오!”

501 그러자 예수님께서 대답하여 말씀하셨습니다. "너희가 무엇을 구하는지를 알지 못하고있다.

502 내가 마시게 될 잔을 마실 수 있느냐? 내가 세례받는 세례를 세례받을 수 있느냐?" 그들이 그분께 말합니다. "할 수 있습니다."

503 그분이 그들에게 말씀하십니다. "너희는 나의 잔을 마실 것이며 내가 세례받는 세례를 세례받을 것이지만, 그러나 나의 오른편과 나의 왼편에 앉는 것은 내가 주는 것이 아니라 다만 내 아버지에게서 준비된 자들에게 주는 것이다."

504 10명이 듣고, 두 형제에 대하여 분내었습니다.

505 그러자 예수님께서 그들을 불러 말씀하셨습니다. "이방인들의 통치자들은 그들을 주장하며 큰자들은 그들에게 권세부린다고 너희가 알고있다.

506 너희 중에는 이같지 않을 것이니, 다만 만약 너희 중에 크게 되기를 원하는 자는 너희의 섬기는 자가 되어라! 만약 너희 중에 첫번째가 되기를 원하는 자는 너희의 종이 되어라! 사람의 아들은 섬김받으러 온 것이 아니라 다만 섬기고 자기 영혼을 많은 자들에 대응하는 대속물로 주러 왔다."

507 그들이 여리고에서 나오는데 많은 군중이 그분을 따랐습니다.

508 오! 눈먼 자 둘이 길가에 앉았다가 예수님께서 지나가신다고 듣고, "우리를 긍휼히여기십시오! 주님! 다윗의 아들이여!"라고 말하며 소리질렀습니다.

509 그러자 군중이 그들에게 잠잠하라고 꾸짖었습니다.

510 그러자 그들은, "우리를 긍휼히여겨주십시오! 주님! 다윗의 아들이여!"라고 말하며 더욱 소리질렀습니다.

511 예수님께서 서서 그들을 소리내어부르셨으며 말씀하셨습니다. "너희들은 내가 너희에게 무엇을 행하기를 원하느냐?" 그들이 그분께 말합니다. "주님! 우리의 눈이 열리는 것입니다."

512 그러자 예수님께서 불쌍히여기시고 그들의 눈을 만지셨으며, 곧바로 그들의 눈이 올려보았으며, 그들이 그분을 따랐습니다.

513 그들이 예루살렘에 가까워졌으며, 올리브 산 벳바게에 왔을 때, 그때 예수님께서 두 제자들을 보내시며 그들에게 말씀하

셨습니다. "너희 맞은편 마을로 가면, 곧바로 묶여있는 나귀 및 그것과 함께 나귀새끼를 발견할 것이니, 풀어 내게로 끌고와라!

514 만약 누가 너희에게 무었을 말한다면, '그것들의 주인이 필요를 갖고있습니다'라고 말할 것이고, 그러면 곧바로 그것들을 보낼 것이다."

515 이것은 전부, "시온의 딸에게 '오! 온유하여 나귀 및 짐승의 아들인 나귀새끼를 타신 너의 왕이 네게 오신다'라고 말해라!"라는 말로 선지자를 통해 선포된 것이 성취되기 위해 되었습니다.

516 제자들이 가서, 예수님이 그들에게 명하신 그대로 행하여 나귀 및 나귀새끼를 끌고왔으며 자기들의 겉옷들을 그것들 위쪽에 얹었으며, 그분이 그것들 위쪽에 올라앉으셨습니다.

517 가장많은 군중이 자신들의 겉옷들을 길에 펼쳤으며, 다른 자들은 나무들의 가지들을 내려치고 길에 펼쳤습니다.

518 앞서가는 군중들과 따르는 군중들이, "다윗의 아들께, 호산나! 주님의 이름으로 오시는 분은 축복되시도다! 가장높은 곳에, 호산나!"라고 말하며 소리질렀습니다.

519 그분이 예루살렘에 들어가시자 모든 성이, "이 분이 누구신가?"라고 말하며 진동되었습니다. 그러자 군중들이 말했습니다. "이 분은 갈릴리 나사렛에서 오신 선지자 예수님이시다."

520 예수님께서는 하나님의 성전으로 들어가셨으며 성전에서 팔고 사는 자들 모두를 내보내셨으며, 돈바꾸는 자들의 상들과 비둘기를 파는 자들의 의자들을 둘러엎으셨습니다.

521 그리고 그들에게 말씀하십니다. "'내 집은 기도의 집이라고 불려질 것이다'라고 기록되었으나, 너희는 그것을 강도들의 굴로 만들었다."

522 성전에 눈먼 자들과 저는 자들이 그분께 나아왔으며 그분이 그들을 고치셨습니다.

523 그러자 대제사장들과 서기관들은 그분이 행하신 기이한 일들과 아이들이 성전에서 소리질러 '다윗의 아들께, 호산나!'라고 말하는 것을 보고 분내었으며 그분께 말했습니다. "이들이 무엇을 말하는지 들으십니까?" 그러자 예수님께서 그들에게 말씀하십니다. "그렇다! 너희는 '당신이 어린아이들과 젖먹이들의 입에서의 찬송을 온전케하셨다'를 읽어본 적이 없느냐?" 그리고 그들을 떠나 성 밖 베다니로 나가셨으며 거기서 유하셨습니다.

524 새벽, 성으로 이끌어내어지시는데 배고프셨습니다. 길에 한 무화과나무를 보시고 그리로 오셨으나 그것에서 오직 잎사귀 외에는 아무 것도 발견하지 못하셨으며 그것에게 말씀하십니다. "더이상 네게서 영원히 열매가 있지 않으리라."

525 무화과나무가 즉시 말랐습니다.

526 제자들이 보고 "어떻게 무화과나무가 즉시 말랐습니까?"라고 말하며 기이히여겼으며, 그러자 예수님께서 대답하여 그들에게 말씀하셨습니다. "진실로 너희에게 말하는데, 만약 믿음을 갖고있고 분별받지 않으면, 이 무화과나무의 일만 행할 뿐 아니라, 다만 이 산에게 '들려져라! 그리고 바다로 던져져라!'라고 말해도 될 것이다. 믿고서, 기도 시 무엇을 구하든지 모든 것들을 받을 것이다."

527 그분이 성전으로 가셨고, 대제사장들과 백성의 장로들은 가르치시는 그분께 나아와, "무슨 권세로 이런 일들을 행합니까? 누가 당신께 이 권세를 주었습니까?"라고 말합니다. 그러자 예수님께서 대답하여 그들에게 말씀하셨습니다. "나도 너희에게 한 말씀을 요구하여물을 것인데, 만약 내게 말한다면 나도 너희에게 내가 무슨 권세로 이런 일들을 행하는지 말할 것이다.

528 요한의 세례가 어디서 왔느냐? 하늘에서냐, 아니면 사람들에서냐?" 그러자 그들은 자신들끼리 "만약 '하늘에서다'라고 말한다면, '그런즉 무엇 때문에 그를 믿지 않았느냐?'라고 우리에게 말할 것이다. 만약 '사람들에서다'라고 말한다면, 우리는 군중이 두렵다"라고 말하며 의논하였는데, 모든 자들이 요한을 선지자로서 갖고있기 때문입니다.

529 그들이 예수님께 대답하여 말했습니다. "우리가 알지 못합니다."

530 그분도 그들에게 들려주셨습니다. "내가 무슨 권세로 이런 일들을 행하는지 나도 너희에게 말하지 않는다.

531 무엇이 너희에게 생각나느냐? 한 사람이 두 자녀를 갖고있는데, 그가 첫째에게 나아가 말했다, '자녀야! 가라! 오늘 내 포도원에서 일해라!'

532 그러자 그가 대답하여 '저는 원치 않습니다'라고 말했으나, 그후에, 뉘우치고 갔다.

533 그가 둘째에게 나아가 그와같이 말했다.

534 그러자 그가 대답하여 '제가 할께요. 주님!'라고 말했으나,

가지 않았다.

535 둘 중에 누가 아버지의 뜻을 행하였느냐?" **그들이 그분께**
"첫째입니다"라고 말합니다.

536 **예수님께서 그들에게 말씀하십니다.** "진실로 너희에게 말하는데, 하나님 왕국으로 세금징수원들과 창녀들이 너희를 앞서간다.

537 요한이 의의 길로 너희에게 왔는데, 너희는 그를 믿지 않았으나 세금징수원들과 창녀들은 그를 믿었기 때문인데, 너희는 보았으나 그후에 그를 믿으려고 뉘우치지 않았다.

538 다른 비유를 들어라!

539 집주인인 어떤 사람이 있는데, 그는 포도원을 심었으며 그것을 산울타리로 둘렀으며 그 안에 포도주틀을 팠으며 망대를 지었으며 그것을 농부들에게 임대하였으며 외국나갔다.

540 열매들의 때가 가까워졌을 때, 그는 그의 열매들을 받으려고 그의 종들을 농부들에게 보냈다.

541 농부들이 그의 종들을 받아 한 명을 때렸으며 한 명을 죽였

으며 한 명을 돌로쳤다.

542 다시 첫번째보다 더많은 다른 종들을 보냈지만 그들에게도 그와같이 행하였다.

543 그후에, '그들이 내 아들은 선대할 것이다'라고 말하며 그들에게 그의 아들을 보냈다.

544 그러자 농부들이 아들을 보고 자신들끼리 말했다, '이 자는 상속자이다. 와서, 그를 죽이고, 우리가 그의 상속을 차지하자.'

545 그리고 그를 받아, 포도원 밖으로 내보냈으며 죽였다.

546 그런즉 포도원의 주인이 올 때, 그 농부들에게 어떻게 행할 것인가?" **그들이 그분께 말합니다. "그가 나쁜 그들을 나쁘게 멸망시킬 것이며, 그는 자신들의 때에 열매들을 자기에게 갚을 다른 농부들에게, 포도원을 임대할 것입니다."**

547 **예수님께서 그들에게 말씀하십니다.** "성경에서 '짓는 자들이 버린 돌, 그것이 모퉁이의 머리가 되었는데, 주님에게서 이것이 되었으니 우리 눈에 기이하다'를 읽어본 적이 없느냐? 이러므로 너희에게 말하는데, 하나님 왕국이 너희에게서 들고 가질 것이며 그 열매들을 맺는 이방인에게 주어질 것이다.

548 이 돌 위에 떨어지는 자는 깨어질 것이며, 그것이 그 위에 떨어지는 자마다, 그를 깨뜨릴 것이다."

549 **대제사장들과 바리새인들이 그분의 비유들을 듣고, 그분이 자기들에 대하여 말씀하신다는 것을 알았습니다.**

550 **그들이 그분을 붙잡으려고 찾았으나, 군중들이 그분을 선지자로서 갖고있기에 그들을 두려워하였습니다.**

551 **예수님께서 대답하여 그들에게 다시 비유들로 말씀하셨습니다.** "하늘들의 왕국은 자기 아들에게 결혼식들을 베푼 왕인 사람과 비슷하게여겨졌다. 그가 결혼식들에 부름받은 자들을 부르라고 자기 종들을 보냈으나 그들이 오기를 원치않았다.

552 그가 다시 다른 종들을 보내며 말했다. '"오! 내가 나의 황소들과 살진 것들을 희생제사하고 모든 것들을 준비하여 내 오찬을 준비하였다. 결혼식들에 와라"라고 부름받은 자들에게 말해라!'

553 그러자 등한히여기는 자들은, 한 명은 자기 밭으로 한 명은 자기 장사로 갔다.

554 남은 자들은 그의 종들을 붙잡아 능욕하였으며 죽였다.

555 그러자 왕이 듣고 화내었으며, 자기 군사들을 보내어 그 살인자들을 멸망시켰으며 그들의 성을 불태웠다.

556 그때 그가 자기 종들에게 말한다. '결혼식은 준비되었으나 부름받은 자들은 마땅치 않다. 그런즉 길의 광장들로 가라! 그리고 발견하는 자들을 결혼식들로 불러라!'

557 그 종들이 길로 나가서, 악한 자들이나 선한 자들 곧 발견하는 자 모두를 모았으며, 결혼식이 앉아식사하는 자들로 가득찼다.

558 왕은 앉아식사하는 자들을 눈여겨보려고 들어가, 거기 결혼식 옷을 입지 않은 사람을 보았다. '동료여! 어떻게 결혼식 옷을 갖고있지 않고 여기 들어왔느냐?'라고 그에게 말한다. 그러자 그는 잠잠하였다.

559 그때 왕이 섬기는 자들에게, '그의 양발과 양손을 묶고 그를 들고가라! 그리고 더바깥 어두움으로 내보내라! 거기서 울음과 이를 갊이 있을 것이다'라고 말했다.

560 초청한 자들은 많지만 선택한 자들은 적기 때문이다."

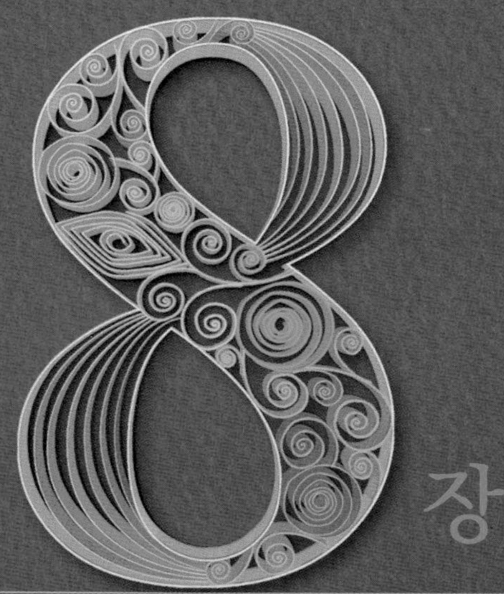

8장

561절~609절 [개역개정, KJV 22:15~23:39]

참교회와 거짓교회

561 그때 바리새인들이 가서 그분을 말씀으로 올무씌우려고 결의를 받았습니다.

562 그리고 그들의 제자들을 헤롯인들과 함께 그분께 보내며 말합니다. "선생님! 우리는 당신이 참되시며 진리로 하나님의 길을 가르치시며, 당신은 아무에 대하여도 고려하지 않으신다는 것을 아는데, 당신은 사람들의 얼굴로 보지 않으시기 때문입니다. 그런즉 무엇이 당신에게 생각나는지 우리에게 말씀해주십시오! 가이사에게 머리세를 주는 것이 옳습니까? 아니면 옳지 않습니까?"

563 예수님께서는 그들의 악함을 아시고, "왜 나를 시험하느냐? 위선자들아! 머리세의 동전을 내게 보여라!"라고 말씀하셨습니다.

564 그러자 그들이 그분께 데나리온을 바쳤습니다.

565 그분이 그들에게 말씀하십니다. “이 형상과 글이 누구의 것이냐?” 그들이 그분께 말합니다. “가이사의 것입니다.”

566 그때 그분이 그들에게 말씀하십니다. “그런즉 가이사의 것들은 가이사에게, 하나님의 것들은 하나님께 갚아라!”

567 그들이 듣고 기이히여겼습니다. 그들은 그분을 버려두고 갔습니다.

568 그 날에 사두개인들 곧 부활이 있지 않다고 말하는 자들이 그분께 나아왔습니다. 그리고 그분께 말하며 물었습니다. “선생님! 모세는 말했습니다. ‘만약 누군가 자녀들을 갖지않고 죽는다면, 그의 형제가 그의 여자에게 장가들 것이며 그의 형제에게 씨를 일어서게 할 것이다.’

569 우리에게 일곱 형제들이 있었습니다. 첫째가 결혼하고 사망했습니다. 씨를 갖지않고 자기 여자를 자기 형제에게 버려두었습니다.

570 비슷하게, 둘째도, 셋째도, 일곱까지입니다.

571 모든 것들의 그후에, 여자도 죽었습니다.

572 그런즉 부활 시, 일곱 중 누구의 여자이겠습니까? 모두가 그녀를 가졌기 때문입니다."

573 그러자 예수님께서 대답하여 그들에게 말씀하셨습니다. "성경도 하나님의 능력도 알지 못하니, 너희가 미혹된다.

574 부활 시, 결혼하지도 않으며 시집가지지도 않으며, 다만 하늘에 있는 하나님의 천사들과 같기 때문이다.

575 죽은 자들의 부활에 대하여, 하나님에게서 너희에게 말씀하시기를, '나는 아브라함의 하나님이며 이삭의 하나님이며 야곱의 하나님이다'라고 선포된 것을 읽지 않았느냐? 하나님은 죽은 자들의 하나님이 아니라 다만 살아있는 자들의 하나님이시다."

576 군중들이 듣고 그분의 가르침에 놀랐습니다.

577 바리새인들은 그분이 사두개인들을 잠잠케하셨다고 듣고 그 일로 모였습니다. 그들 중에 한 명 율법사가 그분을 시험하여 물었는데, 말하기를, "선생님! 율법에서 무슨 계명이 큽니까?" 그러자 예수님께서 그에게 말씀하셨습니다. "네 온 마음으로 네 온 영혼으로 네 온 뜻으로 너의 하나님이신 주님을 사랑할 것이다.

578 이것이 첫 번째이며 큰 계명이다.

579 둘째도 그와 비슷한데, 네 이웃을 자신과 같이 사랑할 것이다.

580 이들 두 계명에, 온 율법과 선지자들이 달려있다.”

581 바리새인들이 모였는데 예수님께서 그들에게 물으셨는데, 말씀하시기를, “그리스도에 대하여 너희에게 무엇이 생각나느냐? 그는 누구의 아들이냐?” 그들이 그분께 말합니다. “다윗입니다.”

582 그분이 그들에게 말씀하십니다. “그런즉 어떻게 다윗은 영 안에서 그분을 주님이라고 부르느냐? 말하기를, ‘주님이 내 주님께 말씀하셨다. “내가 네 원수들을 네 양발의 발판으로 둘 때까지 내 오른편에 앉아라!” ’

583 그런즉 다윗이 그분을 주님이라고 부른다면, 어떻게 그분이 그의 아들이겠느냐?” 아무도 그분께 한 말도 대답할 수 없었으며, 그 날부터 더이상 누구도 그분께 묻는데 담대하지 못했습니다.

584 그때 예수님께서 군중들과 그분의 제자들에게 얘기하셨는데, 말씀하시기를, “모세 의자에 서기관들과 바리새인들이 앉았

으니, 그런즉 너희에게 지키라고 말하는 것마다 모두 지켜라! 그리고 행해라! 그러나 그들의 행위들을 따라 행하지 말아라! 그들은 말하지만 행하지 않기 때문이다.

585 무겁고 어려운 짐들을 묶는다. 그리고 사람들의 양어깨에 얹는다. 그러나 그들의 한 손가락으로도 그것들을 움직이기를 원치않기 때문이다.

586 그들의 모든 행위들은 사람들에게 눈여겨보이도록 행한다.

587 그들은 그들의 말씀실천띠들을 넓게하며 그들의 겉옷들의 자락들을 크게한다. 잔치들에서 상석과 회당들에서 높은자리들과, 시장들에서 평안인사들과 사람들에게서 '랍비. 랍비.'라고 불리는 것을 좋아한다. 너희는 랍비라고 불리지 말 것이다. 너희 지도자는 한 분 그리스도이며, 너희 모두는 형제들이기 때문이다.

588 땅에서 너희 아버지라고 부르지 말 것이다. 너희 아버지는 한 분 곧 하늘들에 계신 분이시기 때문이다.

589 지도자들이라고 불리지도 말 것이다. 너희 지도자는 한 분 곧 그리스도이기 때문이다.

590 너희 중에 더큰 자는 너희의 섬기는 자가 될 것이다.

591 누구든지 자신을 높이는 자는, 낮아질 것이다. 누구든지 자신을 낮추는 자는 높아질 것이다.

592 너희에게 화있다! 서기관들과 바리새인들아! 위선자들아! 과부들의 집들을 먹어버리며 외식으로 길게 기도한다. 이러므로 더많은 판결을 받을 것이다.

593 너희에게 화있다! 서기관들과 바리새인들아! 위선자들아! 너희는 사람들 앞에서 하늘들의 왕국을 닫는다. 너희도 들어가지 못하며 들어가는 자들도 들어가는 것을 허용하지도 않기 때문이다.

594 너희에게 화있다! 서기관들과 바리새인들아! 위선자들아! 한 명의 개종자를 만들려고 바다와 마른 곳을 두루다니며, 생길 땐, 그를 너희보다 두배로 지옥불의 아들로 만든다.

595 너희에게 화있다! 눈먼 인도자들아! '성전으로 맹세하는 자마다, 그것은 아무 것도 아니다. 그러나 성전의 금으로 맹세하는 자마다, 그는 빚진다'라고 말하는 자들아!

596 미련한 자들과 눈먼 자들아! 어떤 것이 더크냐? 금이냐? 아

니면 금을 거룩하게하는, 성전이냐? 그리고, '만약 제단으로 맹세하는 자는, 그것은 아무 것도 아니다. 그러나 그 위쪽에 있는 예물로 맹세하는 자마다, 그는 빚진다'라고 말하는 자들아!

597 미련한 자들과 눈먼 자들아! 어떤 것이 더크냐? 예물이냐? 아니면 예물을 거룩하게하는, 제단이냐? 그런즉 제단으로 맹세하는 자는 제단과 그 위쪽에 있는 모든 것들로 맹세하는 것이다. 성전으로 맹세하는 자는 그것과 거기 거하시는 분으로 맹세하는 것이다. 하늘로 맹세하는 자는 하나님의 보좌와 그 위쪽에 앉으신 분으로 맹세하는 것이다.

598 너희에게 화있다! 서기관들과 바리새인들아! 위선자들아! 너희는 박하와 회향과 근채를 십일조드린다. 너희는 율법의 더무거운 것들인 심판과 긍휼과 믿음은 버려두었다. 이것들도 행해야 하며, 그것들도 버려두지 말아야 한다.

599 눈먼 인도자여! 하루살이를 걸러내지만 낙타를 삼키는 자들아!

600 너희에게 화있다! 서기관들과 바리새인들아! 위선자들아! 잔과 대접의 겉은 깨끗하게 한다. 그러나 안으로는 탐심과 무능력으로 가득하다.

601 눈 먼 바리새인들아! 첫번째로 잔과 대접의 안을 깨끗게해
라! 그 겉도 깨끗게 되기 위함이다.

602 너희에게 화있다! 서기관들과 바리새인들아! 위선자들아!
회칠된 묘들과 유사하니, 겉으로는 아름답게 보이지만 안으
로는 죽은 자들의 뼈들과 모든 더러움이 가득하다.

603 이같이 너희도 겉으로는 사람들에게 의롭게 나타내지지만
안으로는 위선과 불법이 가득하다.

604 너희에게 화있다! 서기관들과 바리새인들아! 위선자들아!
선지자들의 묘들을 지으며 의인들의 무덤들을 꾸미며, '우
리가 우리 아버지들의 기간에 있었다면 선지자들의 피에 그
들의 참여함에 있지 않았다'라고 말한다.

605 그럼으로써 너희가 선지자들을 살인한 자들의 아들들이라
는 것을 스스로 증거한다. 너희는 너희 아버지들의 분량을
가득채워라!

606 뱀들아! 독사들의 낳은것들아! 어떻게 지옥불의 심판으로
부터 피하겠느냐? 이러므로 오! 내가 너희에게 선지자들과
지혜로운자들과 서기관들을 보낸다. 너희가 그들 중 일부는
죽일 것이고 십자가에못박을 것이며, 그들 중 일부는 너희

회당들에서 채찍질할 것이며 성에서 성으로 핍박할 것이니, 그러므로 의인 아벨의 피로부터 성전과 제단 사이에서 살인한 바라갸의 아들 사가랴의 피까지 땅위에 쏟아진 모든 의로운 피가 너희 위에 오리라.

607 진실로 너희에게 말하는데 이 세대에 이 모든 것들이 올 것이다.

608 예루살렘아! 예루살렘아! 선지자들을 죽이고 네게 보내진 자들을 돌로치는 자야! 암탉이 날개아래 자신의 새끼들을 모으는 모양으로 내가 네 자녀들을 몇 번을 모으기를 원했느냐? 그러나 너희가 원치않았다. 오! 너희 집이 너희에게 황폐하게 버려둬진다.

609 너희에게 말하는데, 지금부터 '주님의 이름으로 오시는 분은 축복되시도다'라고 말할 때까지 너희가 결코 나를 보지 못할 것이기 때문이다."

9장

610절~682절 [개역개정, KJV 24:1~25:46]

말세, 재림, 심판

9장

NEW 마태복음

610 예수님께서 나오셔서 성전에서 가시는데 그분의 제자들이 성전의 건물들을 그분께 보이려고 나아왔습니다.

611 그러자 예수님께서 그들에게 말씀하셨습니다. "너희가 이 모든 것들을 보지 않느냐? 진실로 너희에게 말하는데, 결코 무너뜨려지지 않을 돌이, 결코 여기 돌 위에 버려두어지지 않으리라."

612 그분이 올리브 산에 앉으시자 제자들이 따로 그분께 나아왔으며, 말하기를, "우리에게 말씀해주십시오! 언제 이런 일이 있겠습니까? 당신의 와서함께하심과 세상 종말의 표적이 무엇입니까?" 예수님께서 대답하여 그들에게 말씀하셨습니다. "누가 너희를 미혹하지 않도록 보아라!

613 많은 자들이 '내가 그리스도다'라고 말하며 내 이름으로 올 것이며, 많은 자들을 미혹할 것이기 때문이다.

614 전쟁들과 전쟁들의 소문들을 듣게 될 것이다.

615 살펴보아라! 무서워지지 말아라! 모든 일이 일어나야 하지만, 아직 끝은 아니기 때문이다.

616 이방이 이방에 대해, 왕국이 왕국에 대해 일으켜질 것이며, 장소들에 따라 흉년들과 전염병들과 지진들이 있을 것이기 때문이다.

617 그러나 이 모든 것들은 산통들의 처음이다.

618 그때 너희를 환난에 넘겨줄 것이며 너희를 죽일 것이며, 너희는 내 이름 때문에 모든 이방들에게서 미움받을 것이다.

619 그때 많은 자들이 실족될 것이며 남들을 넘겨줄 것이며 남들을 미워할 것이며, 많은 거짓선지자들이 일으켜질 것이며 많은 자들을 미혹할 것이며, 불법이 많아지기 때문에 많은 자들의 사랑이 식어질 것이지만, 끝까지 견디는 자, 그는 구원받을 것이다.

620 이 왕국의 복음이 모든 이방들에게 증거되도록 온 세상에 전파될 것이니, 그때 끝이 올 것이다.

621 그런즉 멸망의 가증한 것 곧 선지자 다니엘을 통해 선포된 것이 거룩한 장소에 서있는 것을 볼 땐, 읽는 자는 통찰해라! 그때 유대에 있는 자들은 산들 위로 도망해라! 지붕 위에 있는 자는 자기 집에서 무엇을 들고가려고 내려가지 말아라! 밭에 있는 자는 자기 겉옷을 들고가려고 뒤로 돌아가지 말아라!

622 그 기간에 자궁 안에 가진 자들과 젖먹이는 자들에게 화있다!

623 너희의 도망이 겨울에나 안식일에 되지 않도록 기도해라!

624 그때 세상의 처음부터 지금까지 일어나지 않았고 결코 일어나지 않을 큰 환난이 있을 것이기 때문이다.

625 그 기간이 감해지지 않는다면 모든 육체가 구원받지 못하겠지만, 선택한 자들 때문에 그 기간이 감해질 것이다.

626 그때 만약 누군가 너희에게 '오! 여기 그리스도시다' 아니면 '여기다'라고 말한다해도 믿지 말 것이다.

627 거짓그리스도들과 거짓선지자들이 일으켜질 것이며 큰 표적들과 이적들을 줄 것인데, 가능하다면 선택한 자들도 미혹하기 위함이기 때문이다.

628 오! 너희에게 미리말했다.

629 그런즉 만약 너희에게 '오! 광야에 계시다'라고 말해도 나가지 말 것이다. '오! 골방에 계시다'라고 말해도 믿지 말 것이다.

630 번개가 동방에서 나와서 서방까지 나타나는 것처럼, 사람의 아들의 와서함께함도 이같을 것이기 때문이다.

631 만약 시체가 있는 곳이라면, 독수리들이 거기 모일 것이기 때문이다.

632 곧바로 그 기간의 환난 후, 태양이 어두워질 것이며 달이 그 빛을 주지 않을 것이며 별들이 하늘에서 떨어질 것이며 하늘들의 능력들이 흔들릴 것이다.

633 그때 사람의 아들의 표적이 하늘에 나타나질 것이며, 그때 땅의 모든 지파들이 가슴칠 것이며 사람의 아들이 하늘의 구름들 위에서 능력과 많은 영광으로 오는 것을 볼 것이다.

634 그가 자기 천사들을 큰 나팔 소리와 함께 보낼 것이며, 그들이 하늘들의 맨끝에서 하늘들의 맨끝까지 네 바람에서 자기의 선택한 자들을 모을 것이다.

635 무화과나무에서 비유를 배워라! 이미 그의 가지가 연하게 되고 잎사귀들을 내밀 땐 여름이 가깝다고 아는데, 이같이 너희도 이 모든 일들을 볼 땐 문들에 가까이 있다는 것을 안다.

636 진실로 너희에게 말하는데, 이 모든 일들이 되기까지, 결코 이 세대가 지나가지 않으리라.

637 하늘과 땅은 지나갈 것이지만 내 말씀들은 결코 지나가지 않을 것이다.

638 그 날과 시간에 대하여는 아무도 알지 못하고, 오직 내 아버지 외에는 하늘들의 천사들도 알지 못한다.

639 노아의 기간처럼, 사람의 아들의 와서함께함도 이같을 것이다.

640 홍수 전 기간에 노아가 방주로 들어가던 날까지 영합하고 마시고 결혼하고 시집가고 있다가 홍수가 와서 일체모든 것들을 들고가기까지 그들이 알지 못한 것처럼, 사람의 아들의 와서함께함도 이같을 것이기 때문이다.

641 그때 둘이 밭에 있을 것인데 한 명은 데려가지며 한 명은 버려둬진다.

642 둘이 맷돌을 가는데, 한 명은 데려가지며 한 명은 버려둬
진다.

643 그런즉 깨어있어라! 너희 주님이 몇 시에 오시는지 알지 못
하며, 이것은 아는데, 도둑이 몇 경에 올 지를 집주인이 알
았었다면 깨어있었을 것이며 그의 집을 구멍뚫는 것을 허락
지 않았을 것이다.

644 이러므로 너희도 준비하고 있어라! 생각지 않은 시간에 사
람의 아들이 온다.

645 그의 주인이 자기의 고침을 맡겨, 때에 음식을 주는, 믿음있
고 총명한 종이 누구냐? 그의 주인이 와서 이같이 행하는 것
을 발견하는 그 종은 복있다.

646 진실로 너희에게 말하는데, 그의 소유하는 모든 것들을 그
에게 맡길 것이다.

647 만약 그 나쁜 종이 자기 마음에 '내 주인은 오는데 지체한
다'라고 말하고, 동료종들을 때리고 취한 자들과 함께 먹고
마시기 시작한다면, 기대하지 않은 날 알지 못하는 시간에
그 종의 주인이 올 것이며, 그를 두배때릴 것이며 위선자들
과 함께 그의 참여함을 둘 것이니, 거기서 울음과 이를 갊이

있을 것이다.

648 그때 하늘들의 왕국은 자신들의 등불을 받고 신랑을 만나러 나간 열 처녀와 비슷하게여질 것이다.

649 그들 중에 다섯 명은 총명했고 다섯 명은 미련했다.

650 미련한 자들은 자신들의 등불은 받았지만 그것들과 함께 기름은 받지 않았다. 그러나 총명한 자들은 그들의 등불과 함께 그들의 그릇에 기름을 받았다.

651 신랑이 지체하여 모두가 졸았으며 잤다.

652 밤 한가운데 '오! 신랑이 온다, 그를 만나러 나와라!'라는 소리가 났다.

653 그때 그 모든 처녀들이 일으켜졌으며 자신들의 등불을 꾸몄다.

654 미련한 자들이 총명한 자들에게 말했다. '너희 기름에서 우리에게 주어라! 우리 등불이 꺼진다.'

655 그러자 총명한 자들이 대답하였으며 말하기를, '우리와 너

희에게 부족하지 않기 위함이다. 더욱 파는 자들에게 가라! 그리고 자신들에게 사라!'

656 그들이 사러 가는데 신랑이 왔으며, 준비한 자들은 그와 함께 결혼식들에 들어갔으며 문은 닫혔다.

657 그후에 남은 처녀들도 와서 말하기를, '주님! 주님! 우리에게 열어주십시오!'

658 그러자 그가 대답하여 말했다, '진실로 너희에게 말하는데, 너희를 알지 못한다.'

659 그런즉 깨어있어라! 너희는 사람의 아들이 오는 날도 시간도 알지 못한다.

660 외국나가는 사람이 자기자신의 종들을 불렀으며 그가 소유한 것들을 그들에게 넘겨준 것과 같기 때문이다.

661 한 명에게 다섯 달란트 한 명에게 둘 한 명에게 하나를 자기자신의 능력에 따라 각각에게 주었으며 곧바로 외국나갔다.

662 다섯 달란트 받은 자는 가서 그것으로 일하였으며 다른 다섯 달란트를 만들었다.

663 그와같이 둘을 받은 자 그도 다른 둘을 얻었다.

664 그러나 하나를 받은 자는 가서 땅을 팠고 그의 주인의 은을 숨겼다.

665 많은 기간 후, 그 종들의 주인이 와서 그들과 함께 말씀을 결산한다.

666 다섯 달란트 받은 자가 나아와 다른 다섯 달란트를 바쳤으며 말하기를, '주님! 제게 다섯 달란트를 넘겨주셨는데, 오호! 그 위에 다른 다섯 달란트를 얻었습니다.'

667 그의 주인이 그에게 들려주었다. '잘했다. 선하고 믿음있는 종아! 적은일들에 믿음있었기에 많은 것들을 네게 맡길 것이니, 네 주인의 기쁨으로 들어가라!'

668 두 달란트 받은 자도 나아와 말했다. '주님! 제게 두 달란트를 넘겨주셨는데, 오! 제가 그 위에 다른 두 달란트를 얻었습니다.'

669 그의 주인이 그에게 들려주었다. '잘했다. 선하고 믿음있는 종아! 적은일들에 믿음있었기에 많은 것들을 네게 맡길 것이니, 네 주인의 기쁨으로 들어가라!'

670 한 달란트 받았던 자도 나아와 말했다. '주님! 당신은 씨뿌리지 않은 곳에서 추수하며 흩으지 않은 곳에서 모으는 완악한 사람이라고 당신을 알았습니다. 그래서 두려워하여 가서 당신의 달란트를 땅에 감추었는데, 오호! 당신이 당신의 것을 갖고있습니다.'

671 그러자 그의 주인이 대답하여 그에게 말했다. '악하고 지체하는 종아! 내가 씨뿌리지 않은 곳에서 추수하고 흩으지 않은 곳에서 모은다고 네가 알았었느냐? 그런즉 너는 내 은을 은행업자들에게 넣어야 했으며, 내가 와서 이자와 함께 내 것을 받아냈다.

672 그런즉 너희는 그에게서 달란트를 들고와라! 그리고 열 달란트를 가진 자에게 주어라!

673 가지고있는 자 모두에게 주어질 것이며 남겨질 것이며, 가지고있지 않은 자에게는 가지고있는 것도 그에게서 들고가질 것이다.

674 마땅치않은 종을 더바깥 어두움으로 내보내라! 거기서 울음과 이를 갊이 있을 것이다.'

675 사람의 아들이 모든 거룩한 천사들과 함께 그의 영광으로

올 때, 그때 그의 영광의 보좌에 앉을 것이며, 모든 이방들을 자기 앞에 모이게할 것이며, 목자가 염소들에게서 양들을 갈라내는 것처럼 그들을 남들에게서 갈라낼 것인데, 양들은 자기 오른편에 염소들은 왼편에 서게할 것이다.

676 그때 왕은 자기 오른편에 있는 자들에게 말할 것이다. '와서, 내 아버지께 축복받은 자들아! 세상의 창조부터 너희에게 준비된 왕국을 상속해라!

677 내가 배고팠는데 너희가 내게 먹을 것을 주었다. 내가 목말랐는데 너희가 나를 마시게하였다. 내가 나그네이었는데 너희가 나를 모았다. 벗었는데 너희가 나를 입혔다. 내가 병들었으며 너희가 나를 돌아보았다. 내가 감옥에 있었는데 너희가 내게 왔기 때문이다.'

678 그때 의인들이 그에게 대답할 것이며 말하기를, '주님! 언제 우리가 당신이 배고프신 것을 보았으며 길렀습니까? 또는 목마르신데 마시게하였습니까? 언제 당신이 나그네이신 것을 보았으며 모았습니까? 또는 벗으셨는데 입혔습니까? 언제 당신이 병드신 것이나 감옥에 계신 것을 보았으며 당신에게 갔습니까?' 왕이 대답하여 그들에게 말할 것이다. '진실로 너희에게 말하는데, 이 가장작은 내 형제들 중 한 명에게 행한 것이 나에게 행한 것이다.'

679 그때 왼편에 있는 자들에게도 말할 것이다. '내게서 가라! 저주받은 자들아! 마귀와 그의 천사들에게 준비된 영원한 불로!

680 내가 배고팠으나 너희가 내게 먹을 것을 주지 않았다. 내가 목말랐으나 너희가 나를 마시게하지 않았다. 나그네이었는데 너희가 나를 모으지 않았다. 벗었으나 너희가 나를 입히지 않았다. 병들고 감옥에 있었으나, 나를 돌아보지 않았기 때문이다.'

681 그때 그에게 그들도 대답할 것이며 말하기를, '주님! 언제 우리가 당신이 배고프신 것이나 목마르신 것이나 나그네되신 것이나 벗으신 것이나 병드신 것이나 감옥에 계신 것을 보았으며, 당신을 섬기지 않았습니까?' 그때 그가 그들에게 대답할 것이며 말하기를, '진실로 너희에게 말하는데, 이 가장작은 자들 중 한 명에게 행하지 않은 것이 나에게도 행하지 않은 것이다.'

682 이들은 영원한 형벌로, 의인들은 영원한 생명으로 갈 것이다."

• 전무후무한 성경 •

• 세계 최초 1:1 대응 번역 •

NEW
마태복음

683절~730절 [개역개정, KJV 26:1~26:56a]

유월절 어린양

683 예수님께서 이 모든 말씀들을 끝마치시게 되었으며 자기 제자들에게 말씀하셨습니다.

684 "이틀 후 유월절이 되고 사람의 아들은 십자가에못박도록 넘겨진다는 것을 너희가 안다."

685 그때 대제사장들과 서기관들과 백성의 장로들이 가야바라 하는 대제사장의 뜰로 모였으며 계략으로 예수님을 붙잡아 죽일 것을 결의하였습니다.

686 그러나 그들은 말했습니다. "명절에는 말자. 백성 안에 소동이 일어나지 않기 위함이다."

687 예수님께서 베다니에 문둥병자 시몬의 집에 계시는데, 여자가 매우귀한 향유 옥합을 가지고 그분께 나아왔으며 앉아식사하시는 그분의 머리에 발랐습니다.

688 그러자 그분의 제자들이 보고 분내었으며 말하기를, "이 멸망이 무엇을 위해서냐? 이 향유가 많은 것들로 팔려 가난한 자들에게 주어질 수 있기 때문이다."

689 그러자 예수님께서 아시고 그들에게 말씀하셨습니다. "왜 너희는 여자에게 괴롭게 하느냐? 그녀가 나에게 좋은 행위를 일하였기 때문이다.

690 너희는 자신들과 함께 가난한 자들을 항상 갖고있으나, 나를 항상 갖고있는 것은 아니다.

691 그녀가 이 향유를 내 몸에 넣어 나를 장사지내는 것을 행하였기 때문이다.

692 진실로 너희에게 말하는데, 어디든지 온 세상에 이 복음이 전파되는 곳에는 그녀를 기념하여 그녀가 행한 일도 얘기될 것이다."

693 그때 유다 가룟이라 하는 열둘 중 한 명이 대제사장들에게 가서 말했습니다. "당신들은 내게 무엇을 주기를 원합니까? 나도 당신들에게 그분을 넘겨줄 것입니다." 그러자 그들이 그에게 30개의 은을 세웠습니다.

694 그때부터 그가 그분을 넘겨줄 기회를 찾았습니다.

695 무교절 첫째 날 제자들이 예수님께 나아왔으며 그분께 말하기를, "유월절을 잡수실 것을 우리가 어디서 당신께 준비하기를 원하십니까?" 그러자 그분이 말씀하셨습니다. "성 아무에게 가라! 그리고, '"내 때가 가깝다. 내가 내 제자들과 함께 네게 유월절을 행한다"라고 선생님이 말씀하십니다'라고 그에게 말해라!"

696 제자들은 예수님께서 자기들에게 명하신 대로 행하였으며 유월절을 준비하였습니다.

697 저물게 되어 그분은 열 두명과 함께 앉아식사하셨습니다.

698 그들이 식사하는데, 그분이 말씀하셨습니다. "진실로 너희에게 말하는데, 너희 중에 한 명이 나를 넘겨줄 것이다."

699 그들은 매우 근심하며 그들 각각 그분께 말하기 시작했습니다. "제가 아닙니까? 주님!" 그러자 그분이 대답하여 말씀하셨습니다. "나와 함께 그릇에 손을 넣는 자, 그가 나를 넘겨줄 것이다.

700 사람의 아들은 자기에 대하여 기록된 그대로 가지만, 사람

의 아들을 넘겨주는 자, 그 사람에게는 화있다! 그 사람은
나지 않았다면 그에게 좋았다."

701 그러자 그분을 넘겨주는 유다가 대답하여 말했습니다. "제가
아닙니까? 랍비님!" 그분이 그에게 말씀하십니다. "네가 말
했다."

702 그들이 식사하는데 예수님께서 빵을 받으시고 축복하시고 떼
셨으며 제자들에게 주시며 말씀하셨습니다. "받아라! 먹어
라! 이것은 나의 몸이다."

703 그리고 잔을 받으시고 감사하시고 그들에게 주셨으며 말씀하
시기를, "그 모든 것들을 마셔라! 이것은 나의 피 곧 새 계약
의 피 곧 많은 자들에 대하여 죄들의 사함을 위해 쏟아진 것
이기 때문이다.

704 너희에게 말하는데, 내가 나의 아버지의 왕국에서 너희와
함께 새것을 마시는 그 날까지 포도나무에서 난 이것을 지
금부터 결코 마시지 않으리라."

705 그들은 찬송하며 올리브 산으로 나갔습니다.

706 그때 예수님께서 그들에게 말씀하십니다. "이 밤에 모든 너

희가 나로 실족될 것이니, '내가 목자를 칠 것이며 양떼의 양들이 흩어질 것이다'라고 기록되었기 때문이다.

707 그러나 내가 일으켜진 후, 갈릴리로 너희를 앞서갈 것이다."

708 그러자 베드로가 대답하여 그분께 말했습니다. "모두가 당신으로 실족된다 해도 저는 언제라도 실족되지 않을 것입니다."

709 예수님께서 그에게 들려주셨습니다. "진실로 네게 말하는데, 이 밤에 닭이 소리내어부르기 전에 네가 나를 세 번 부인할 것이다."

710 베드로가 그분께 말합니다. "당신과 함께 제가 죽어야만 해도, 결코 당신을 부인하지 않을 것입니다."

711 모든 제자들도 비슷하게 말했습니다.

712 그때 예수님께서는 제자들과 함께 겟세마네라 하는 토지로 오셔서 그들에게 말씀하십니다. "내가 가서 저기서 기도할 때까지 거기 앉아라!"

713 그리고 베드로와 세베대의 두 아들들을 데려가시면서, 근심되시며 슬퍼하시기 시작했습니다.

714 그때 그들에게 말씀하십니다. "내 영혼이 죽기까지 심히근심
한다. 여기 머물러라! 그리고 나와 함께 깨어있어라!"

715 그리고 조금 먼저가시고 자기 얼굴을 대고 엎드리셨으며 기
도하시며 말씀하시기를, "나의 아버지! 가능하시다면, 이 잔
을 저에게서 지나가게 하옵소서! 그렇지만 제가 원하는 대
로가 아니라 다만 당신이 원하시는 대로 하옵소서!"

716 그리고 제자들에게 오셔서 그들이 자는 것을 발견하시고 베
드로에게 말씀하십니다. "이같이 나와 함께 한 시간을 깨어
있도록 강하지 않았느냐? 깨어있어라! 그리고 기도해라! 시
험에 들어가지 않기 위함이다.

717 영은 소원하지만 몸은 연약하다."

718 다시 두 번째 가셔서 기도하셨으며 말씀하시기를, "나의 아
버지! 만약 제가 이 잔을 마시지 않고서는 그것이 저에게서
지나갈 수 없다면, 당신의 뜻이 이루어지 옵소서!"

719 그리고 오셔서 그들이 자는 것을 다시 발견하시는데 그들의
눈이 피곤하였기 때문입니다.

720 그리고 그들을 버려두시고 다시 가셔서 그 말씀을 말하시며

세 번째 기도하셨습니다.

721 그때 자기 제자들에게 오셔서 그들에게 말씀하십니다. "이 후로는 자라! 그리고 쉬어라! 오! 시간이 가까왔으니 사람의 아들이 죄인들의 손으로 넘겨진다.

722 일으켜져라! 우리는 끌려가리라. 오! 나를 넘겨주는 자가 가까왔다."

723 그분이 아직 얘기하시는데, 오! 열 둘 중 한 명인 유다가 왔으며, 그와 함께 많은 군중이 칼들과 나무들을 가지고 대제사장들과 백성의 장로들에게서 왔습니다.

724 그분을 넘겨주는 자가 그들에게 표적을 주었으며 말하기를, "내가 좋아하는 분이 그분입니다. 그분을 붙잡으십시오."

725 그리고 곧바로 예수님께 나아와 말했습니다. "기뻐하십시오! 랍비님!" 그리고 그분에게 입맞추었습니다.

726 그러자 예수님께서 그에게 말씀하셨습니다. "동료여! 뭐하러 있느냐?" 그때 그들이 나아와 예수님께 손들을 대었으며 그분을 붙잡았습니다.

727 오! 예수님과 함께 있던 자들 중 한 명이 손을 내밀어 자기 칼을 빼었으며, 대제사장의 종을 쳐 그의 귀를 없앴습니다.

728 그때 예수님께서 그에게 말씀하십니다. "네 칼을 그 장소에 돌이켜머물게해라! 칼을 받은 자들은 모두 칼로 멸망할 것이기 때문이다.

729 내가 지금 내 아버지께 권면하여 그분이 12군대보다 더많은 천사들을 내게 곁에서게 할 수 없다고 생각하느냐? 그런즉 이같이 되어야 한다는 성경이 어떻게 성취되겠느냐?" 그 시간에 예수님께서 군중들에게 말씀하셨습니다. "강도에게와 같이 너희가 나를 잡으려고 칼들과 나무들을 가지고 나왔느냐? 날마다 성전에서 너희에게 가르치며 앉아있었으나 너희가 나를 붙잡지 않았다.

730 그러나 이것은 전부 선지자들의 성경이 성취되기 위하여 된 것이다."

• 전무후무한 성경 •

• 세계 최초 1:1 대응 번역 •

731절~793절 [개역개정, KJV 26:56b~27:56]

속죄의 십자가

731 그때 모든 제자들은 그분을 버려두고 도망했습니다.

732 붙잡은 자들이 예수님을 대제사장 가야바에게 잡아끌고갔으며 그곳에는 서기관들과 장로들이 모였습니다.

733 베드로는 멀리서 대제사장의 뜰까지 그분을 따랐으며, 끝을 보려고 안에 들어가 사역자들과 함께 앉았습니다.

734 대제사장들과 장로들과 온 공회가 예수님을 죽이려고 그분을 거스리는 거짓증거를 찾았으나 발견하지 못했습니다. 많은 거짓증인들이 나아왔으나 발견하지 못했습니다.

735 그러자 그후에 두 거짓증인들 나아와 말했습니다. “이 분은 ‘내가 하나님의 성전을 무너뜨리고 3일동안 그것을 지을 수 있다’라고 들려주었습니다.”

736 대제사장이 일어서서 그분께 말했습니다. “아무것도 대답하
지 않느냐? 이들이 네게 무엇을 심문하느냐?” 그러자 예수님
께서 잠잠하셨습니다.

737 대제사장이 대답하여 그분께 말했습니다. “살아계시는 하나
님으로 네게 맹세하는데 네가 그리스도 곧 하나님의 아들인
지 우리에게 말하리라.”

738 예수님께서 그에게 말씀하십니다. “네가 말했다.

739 그렇지만 너희에게 말하는데, 지금부터 사람의 아들이 능력
의 오른편에 앉은 것과 하늘의 구름들 위에서 오는 것을 볼
것이다.”

740 그때 대제사장이 자기 겉옷들을 찢었으며 말하기를, “모독
했다. 우리가 여전히 무슨 증인들의 필요를 가지겠는가? 오!
지금 그의 모독을 들었다.

741 무엇이 너희에게 생각나느냐?” 그러자 그들이 대답하여 말
했습니다. “그는 죽음으로 처벌됩니다.”

742 그때 그들이 그분의 얼굴에 침뱉었으며 그분을 매로때렸으며
일부는 손으로쳤으며 말하기를, “우리에게 예언해라! 그리스

도야! 너를 친 자가 누구냐?" 베드로는 바깥 뜰안에 앉아있었으며 한 어린여종이 그에게 나아왔으며 말하기를, "당신도 갈릴리인 예수님과 함께 있었다."

743 그러자 그가 모든 자들 앞에서 부인하였는데, "나는 네가 무엇을 말하는지를 알지 못한다"라고 말했습니다.

744 그가 대문까지 나가자 다른 어린여종이 그를 보았으며 거기 있는 자들에게 말합니다. "이 자는 나사렛인 예수와 함께 있었다."

745 그가 다시 맹세로 부인하였습니다. "나는 그 사람을 알지 못한다."

746 조금 후 서있던 자들이 나아와 베드로에게 말했습니다. "참으로 너도 그들 중 하나이다. 네 얘기가 너를 분명하게 만들기 때문이다."

747 그때 그가 심히저주하며 맹세하기 시작했습니다. "나는 그 사람을 알지 못한다."

748 곧바로 닭이 소리내어불렀습니다.

749 베드로는 예수님이 그에게 '닭이 소리내어부르기 전, 네가 나
를 세 번 부인할 것이다'라고 선포하신 선포된말씀이 기억났
습니다. 밖에 나가서 심히 울었습니다.

750 새벽이 되자 모든 대제사장들과 백성의 장로들이 예수님을
거스르는 결의를 받았는데, 그분을 죽이는 것입니다. 그분을
묶고서 잡아끌고갔으며 그분을 총독 본디오 빌라도에게 넘겨
주었습니다.

751 그때 그분을 넘겨준 유다는 그분이 정죄된 것을 보고 뉘우치
고 대제사장들과 장로들에게 30개의 은을 돌이켜머물게하였
으며 말하기를, "내가 부당한 피를 넘겨주어 범죄하였소."

752 그러자 그들이 말했습니다. "우리에게 무슨 상관이오? 당신
이 저물 것이오."

753 그는 은들을 성전에 던져놓고 물러갔으며 가서 목매달았습
니다.

754 대제사장들은 은들을 받고 말했습니다. "그것은 피의 값이기
에 그것을 예물로 넣는 것은 옳지 않다."

755 그들은 결의를 받고, 그것으로, 나그네들의 묘지가 되도록 토

기장이의 밭을 샀습니다.

756 때문에 오늘까지 그 밭이 피의 밭이라 불렸습니다.

757 그때 선지자 예레미야를 통해 선포된 것이 성취되었는데, "그들은 30개의 은 곧 공경되는 자의 값 곧 이스라엘 아들들을 공경한 값을 받았으며, 주님께서 내게 명하신 그대로, 그들이 그것을, 토기장이의 밭에 대해 주었습니다"라고 말한 것입니다.

758 예수님께서 총독 앞에 섰습니다. 총독이 그분께 물었는데 말하기를, "네가 유대인들의 왕이냐?" 그러자 예수님께서 그에게 들려주셨습니다. "네가 말한다."

759 그분이 대제사장들과 장로들에게서 고소당하는데 아무 것도 대답하지 않으셨습니다.

760 그때 빌라도가 그분께 말합니다. "그들이 너를 얼마나 심문하는지 듣지 않느냐?" 그분이 그에게 한 선포된말씀에도 대답하지 않으셨으므로, 총독이 심히 기이히여기는 것입니다.

761 명절에 따라, 군중이 원하는 한 명의 죄수를, 총독이 놓아보내는 것을 전례화했었습니다.

762 그때 그들은 바라바라고 하는 유명한 죄수를 갖고있었습
니다.

763 그런즉 그들이 모였는데 빌라도가 그들에게 말했습니다. “너
희에게 누구를 놓아보내기를 원하느냐? 바라바냐? 아니면
그리스도라 하는 예수냐?” 그는 시기 때문에 그들이 그분을
넘겨주었다는 것을 알았기 때문입니다.

764 그가 재판석에 앉아있는데 그의 여자가 그에게 사람보냈으며,
‘당신은 그 의인에게 아무것도 마세요. 내가 오늘 그분 때문에
꿈으로 많이 고난받았기 때문이에요’라고 말했습니다.

765 대제사장들과 장로들은 바라바를 구하고 예수님을 멸할 것을
군중들에게 확신시켰습니다.

766 그러자 총독이 대답하여 그들에게 말했습니다. “둘 중에 너
희에게 누구를 놓아보내기를 원하느냐?” 그러자 그들이 말
했습니다. “바라바입니다.”

767 빌라도가 그들에게 말합니다. “그런즉 그리스도라고 하는 예
수에게 내가 무엇을 행하랴?” 모두들 그에게 말합니다. “그
는 십자가에못박혀라!”

768 그러자 총독이 들려주었습니다. “그가 무슨 나쁜것을 행하였기 때문이냐?” 그러자 그들이 엄청나게 소리질렀는데 말하기를, “그는 십자가에못박혀라!”

769 빌라도는 아무것도 유익얻지 못하며, 다만 소동이 더욱 일어나는 것을 보고 물을 받아서 군중의 맞은편에서 양손을 씻었으며 말하기를, “나는 이 의인의 피에 부당하다. 너희가 볼 것이다.”

770 모든 백성이 대답하여 말했습니다. “그의 피는 우리에게 그리고 우리 자녀들에게 있습니다.”

771 그때 그는 바라바를 그들에게 놓아보냈습니다. 그러나 예수님을 채찍질하고, 십자가에못박히도록 넘겨주었습니다.

772 그때 총독의 군인들이 예수님을 관정으로 데려와 온 중대를 그분에게 모았습니다. 그분을 발가벗기고, 붉은 통옷을 그분께 둘렀습니다. 가시나무에서 왕관을 엮어 그분의 머리에 얹었으며 그분의 오른쪽 것에 갈대를 들렸습니다. 그분 앞에서 무릎꿇고 그분을 희롱하였으며 말하기를, “기뻐해라! 유대인들의 왕이여!” 그리고 그분께 침뱉고 갈대를 받았으며 그분의 머리를 때렸습니다.

773 그분을 희롱하였고 그분에게서 통옷을 발가벗겼으며 그분에게 그분의 겉옷들을 입혔습니다. 십자가에못박으려고 그분을 잡아끌고갔습니다.

774 그들은 나가다가 이름이 시몬인 구레네 사람을 발견하였습니다. 이 자에게 그분의 십자가를 들고가도록 강요하였습니다.

775 그리고 해골의 장소라고 하는 골고다라 하는 장소로 와서 쓸개가 섞인 신포도주를 마시도록 그분께 주었습니다. 그분은 맛보시고는 마시기를 원치않으셨습니다.

776 그분을 십자가에못박고는 제비돌을 던져 그분의 겉옷들을 나누었습니다. "그들이 내 겉옷들을 자신들에게 나누었으며 내 겉속옷에 대해 제비돌을 던졌다"라고 선지자에게서 선포된 것이 성취되기 위함입니다.

777 그들은 거기 앉아서 그분을 지켰습니다.

778 그들은 "이 자는 유대인들의 왕 예수다"라고 기록된 그분의 죄목을 그분의 머리 위쪽에 얹었습니다.

779 그때 그분과 함께 두 강도가 한 명은 오른편에 한 명은 왼편에 십자가에못박힙니다.

780 지나가는 자들이 그들의 머리를 움직이며 그분을 모독하였는데 말하기를, "성전을 무너뜨리고, 3일 안에 짓는 자야! 자신을 구원해라!

781 하나님의 아들이라면 십자가에서 내려와라!"

782 비슷하게, 대제사장들도 서기관들 및 장로들과 함께 희롱하며 말했습니다. "저가 다른 자들은 구원하였으나 자신은 구원할 수 없다.

783 저가 이스라엘의 왕이라면 지금 십자가에서 내려와라! 그러면 우리가 그를 믿을 것이다.

784 저가 하나님을 확신하니, 그를 원하신다면 지금 그를 건지소서!

785 '나는 하나님의 아들이다'라고 저가 말했기 때문이다."

786 그처럼 그분과 함께십자가에못박힌 강도들도 그분을 욕했습니다.

787 12시부터 15시까지 어두움이 모든 땅에 있었습니다.

788 15시 즈음에 예수님께서 큰 음성으로 탄원하셨는데 말씀하
시기를, "엘리! 엘리! 라마 사박다니" 이것은 "나의 하나님!
나의 하나님! 무엇때문에 저를 버리셨습니까?"입니다. 그러
자 거기 서있던 자들 중 일부가 듣고 말했습니다. "이 자가 엘
리야를 소리내어부른다."

789 곧바로 그들 중에 한 명이 달려가 해면스펀지를 받아서 신포도주로 가득채우고 갈대에 둘러 그분에게 마시게하였습니다. 그러자 남은 자들이 말했습니다. "버려두시오! 엘리야가 와서 그를 구원할지 봅시다."

790 그러자 예수님께서 다시 크게 음성으로 소리지르시고 영을 버려두셨습니다.

791 오! 성전의 휘장이 위에서부터 아래까지 둘로 갈라졌습니다. 땅이 진동되었으며 바위들이 갈라졌으며 무덤들이 열렸으며 잠자던 거룩한 자들의 많은 몸이 일으켜졌으며 그분의 일어남과 함께 무덤들에서 나와서 거룩한 성으로 들어갔으며 많은 것들에게 나타났습니다.

792 백부장 및 그와 함께 예수님을 지키던 자들이 지진 및 되어진 일들을 보고 매우 두려워하였으며 말하기를, "참으로 이 분은 하나님 아들이셨다."

793 거기 멀리서 많은 여자들이 지켜보고 있었는데 그들은 갈릴
리에서부터 예수님을 섬기며 그분을 따른 자들이며 그들 중
에는 막달라 마리아, 야고보와 요셉의 어머니 마리아, 세베대
의 아들들의 어머니가 있었습니다.

NEW
마태복음

794절~823절 [개역개정, KJV 27:57~28:20]

부활과 가르침의 전파

12장

NEW 마태복음

794 저물게 되어, 아리마대에서의 부유한 사람이 왔는데, 이름이 요셉인 자이며 그도 예수님께 제자된 자였습니다.

795 이 자가 빌라도에게 나아가 예수님의 몸을 구하였습니다.

796 그때 빌라도가 몸이 갚아지도록 명하였습니다.

797 요셉이 몸을 받아 청결한 세마포에 그것을 말았으며, 바위 안에 판 그의 새 무덤에 그것을 두었으며, 무덤 문에 큰 돌을 굴리고 갔습니다.

798 거기 막달라 마리아와 다른 마리아가 묘 맞은편에 앉아 있었습니다.

799 예비일 후인, 다음 날, 대제사장들과 바리새인들이 빌라도에게 모였으며 말하기를, "주여! 그 미혹하는 자가 살아있는 동

안 '3일 후, 내가 일으켜진다'라고 말한 것을 우리가 기억납니다.

800 그런즉 제3일까지 묘가 확고하게될 것을 명하십시오! 그의 제자들이 밤에 와서 그를 도둑질하고 백성에게 '그가 죽은 자들에서 일으켜졌다'라고 말하지 않기 위함입니다. 마지막 미혹이 첫번째보다 더심해질 것입니다."

801 빌라도가 그들에게 들려주었습니다. "너희는 경계병을 갖고 있다. 가라! 너희가 아는 대로 확고하게해라!"

802 그러자 그들은 경계병과 함께, 가서 돌을 인치고 묘를 확고하게 했습니다.

803 안식의 날이 저물어, 안식의 날의 1일로 동트는데 막달라 마리아와 다른 마리아가 묘를 지켜보려고 왔습니다.

804 오! 큰 지진이 일어났습니다. 주님의 천사가 하늘에서 내려와 나아와, 문에서 돌을 굴렸고 그 위쪽에 앉았기 때문입니다.

805 그의 형상은 번개 같았으며 그의 옷은 눈처럼 희었습니다.

806 그러자 지키던 자들이 그의 두려움에 진동되었으며 죽은 자

들처럼 되었습니다.

807 그러자 천사가 대답하여 여자들에게 말했습니다. "너희는 두려워하지 말아라! 십자가에못박히신 예수님을 너희가 찾는다는 것을 내가 알기 때문이다.

808 그분은 여기 계시지 않다. 그분이 말씀하신 그대로 일으켜지셨기 때문이다.

809 와서, 주님이 놓였던 장소를 보아라!

810 속히 가서, 그분의 제자들에게 그분이 죽은 자들에서 일으켜졌다고 말해라! 오! 그분이 갈릴리로 너희를 앞서가신다. 거기서 너희가 그분을 볼 것이다.

811 오! 내가 너희에게 말했다."

812 무덤에서 큰 두려움과 기쁨으로 속히 나와서 그분의 제자들에게 전하려고 달려갔습니다.

813 그분의 제자들에게 전하려고 가는 중에, 오! 예수님께서 그녀들을 만나셨으며 말씀하시기를, "기뻐해라!"

814 그러자 그녀들이 나아가 그분의 양발을 붙잡았으며 그분께
예배하였습니다.

815 그때 예수님께서 그녀들에게 말씀하십니다. “두려워하지 말
아라! 가라! 내 형제들에게 갈릴리로 가라고 전해라! 거기서
나를 볼 것이다.”

816 그녀들이 가는데, 오! 경계병 중 일부가 성으로 가서 되어진
일체모든 것들을 대제사장들에게 전하였습니다.

817 그들이 장로들과 함께 모여, 결의를 받고 군인들에게 매우많
은 은을 주었으며 말하기를, “‘그분의 제자들이 밤에 와서,
우리가 잠자는데 그분을 도둑질했다’라고 말하시오! 만약 이
것이 총독에게 들리면, 우리가 그를 확신시킬 것이며 당신들
이 걱정없도록 만들 것이오.”

818 그러자 그들은 은을 받고 가르침받은 대로 행하였습니다.

819 오늘까지 이 말이 유대인들에게 널리 소문났습니다.

820 열 한 제자들은 갈릴리, 예수님께서 자기들에게 정해주신 산
으로 갔습니다.

821 그리고 그분을 보고 그분께 예배하였습니다. 일부는 의심하였습니다.

822 예수님께서 나아와 그들에게 말씀하시며 얘기하셨습니다.
“하늘에 그리고 땅 위에 모든 권세가 내게 주어졌다.

823 그런즉 가서 모든 이방인들을 아버지와 아들과 거룩한 영의 이름으로 그들을 세례주고, 내가 너희에게 명한 모든 것을 지키도록 그들을 가르쳐 제자되게해라! 오! 내가 세상의 종말까지 항상 너희와 함께 있다.” 진실로!

NEW
마태복음

박경호헬라어스트롱사전

[1:1 한글 대응]

(NEW 마태복음에 사용된 단어만 수록하였습니다)

스트롱코드	뜻
6	아벨
7	아비야
9	아빌레네
10	아비훗
11	아브라함
12	음부
15	선행하다
18	선한, 선한(자)(것)
20	즐거움
21	즐거워하다
23	분내다
25	사랑하다
27	사랑한, 사랑하는
29	강요하다
30	그릇
32	천사, 전달자
34	떼
37	거룩하다, 거룩하게하다
40	거룩한(자)(분)
43	팔뚝
44	낚시
46	말끔한
50	못통찰하다
58	시장
59	사다
61	어획
63	들
66	야생
68	밭, 촌, 들
71	끌려가(오)다, 끌고가(오)다
79	자매, 누이
80	형제
82	분명치않은
85	슬퍼하다
86	지옥
91	불의하다
94	불의한자
101	능치못하다
105	독수리
106	무교절
107	아소르
121	부당한
123	해변
125	애굽
129	피
131	피흘리다
134	찬송하다
136	찬송
140	선택하다
142	들고가다, 들어라(명령), 들려져라(명령), 들고오다
143	감지하다
154	구하다
156	죄목
164	포로
165	세상
166	영원한
167	더러움
169	더러운

173	가시나무
175	열매없는
185	순결하다
188	아직까지
189	소문
190	따르다
191	듣다(수동 들리다)
192	무능력
198	자세히묻다
199	자세히, 자세하게
200	메뚜기
206	맨끝
208	폐하다
211	옥합
217	소금
218	기름바르다
220	닭
224	가루
225	진리
227	참된(참인)
229	갈다
230	참으로
231	어부
233	짜게하다
235	다만
240	남(들)
243	다른, 다른쪽
245	남(타인을 지칭)
254	쇠사슬
256	알패오

257	타작마당
258	여우
260	한가지로
264	범죄하다
266	죄, (복수)죄들
268	죄인, 죄있는
272	등한히여기다
273	흠없이
275	걱정없게(없도록)
281	진실로
284	아미나답
285	모래
288	포도나무
290	포도원
293	그물
294	입히다(수동 입다)
297	돌
300	아몬
303	씩(단위)
305	(물)올라오다, (산)올라가다
307	끌어내다
308	올려보다
309	올려봄
310	탄원하다
314	읽다
315	강권하다
318	부득이함
321	이끌다(수동 이끌려지다)
322	임명하다
323	임명

327	찾다
335	강청함
337	죽이다
338	무죄한
344	돌이키다(영적으로 돌아감)
345	앉아식사하다
347	앉다, 앉히다
349	부르짖다
354	승천
355	분리소멸하다
360	풀려나다
372	쉼
373	쉬다, 쉬게하다
375	허리(둘레)
377	앉다
378	이루다
380	두루말아펴다
381	불붙다
386	부활
390	활동하다
392	저술하다
393	솟아오르다
395	동방(복수), 동쪽(단수)
399	올리다
400	높이부르다
402	물러가다
406	안드레
413	없어지지않는
414	참을만하다
417	바람

429	찾아내다
430	용납하다
432	회향
435	남자
436	대적하다
437	감사하다
444	사람
449	씻지않은
450	일어서다
451	안나
452	안나스
454	어리석음
455	열다
458	불법
465	교환
472	중히여기다
473	대신, 대응하는, 이어, ~에 대하여
476	소송자
482	돕다
483	반대하다(수동 반대당하다)
488	반대로측정하다
492	피해지나가다
504	물없는
509	위, 위부터
513	도끼
514	마땅한
515	당연하다
518	전하다
519	목매달다

520	잡아끌고가다
522	(수동)빼앗기다
523	돌려달라하다
527	연한, 연하게
528	만나다
529	만남
533	거부하다
537	일체모든(것)
539	유혹
545	순종하지않는(자)
560	바라다
561	맞은편(에서)
565	퍼지다, 가다
568	떨어져있다
570	믿음없음
571	믿음없는
573	성한
575	~(로)부터,~로, ~에게서, ~출신
576	떠나오다
582	호적
583	호적하다
586	십일조드리다
588	환영하다
589	외국나가다
591	갚다
593	버리다
596	곳간
598	밀치다
599	죽다

600	회복하다, 회복시키다
601	나타나다
602	계시
607	목베다
611	대답하다
612	대답
613	숨기다
615	죽이다(수동 죽임당하다)
617	굴리다
618	받아가지다
622	멸(망)하다, 멸망시키다
626	설파하다
630	놓아보내다
631	털어버리다
633	씻다
637	세척하다
638	질식시키다(수동 질식되다)
645	빼다(칼을)
647	이혼
649	(사람)보내다 : 떠나보내는 것
653	꼬투리잡다
654	돌이켜머물다
657	작별하다
660	떨쳐버리다
672	떠나가다
680	만지다
681	켜다
684	멸망
†686	이미, 그래서, 그렇다면
689	람

692	무익한
694	은
696	은
700	기쁘게하다
704	어린양
705	세다(숫자를), 수동(세어지다)
707	아리마대
709	점심먹다
712	오찬, 점심
713	충분하다, 족한
714	족하다
720	부인하다
723	쟁기
724	탐심
726	빼앗다
727	토색하는
†730	남성
732	병든(자)
737	지금
740	빵
744	옛사람
745	아켈라오
746	처음, 처음실권자
749	대제사장
752	회당장
756	시작하다
758	통치자
760	아사
762	꺼지지않는
768	아셀
769	연약함
770	병들다
772	연약한(자)
779	부대(통을 말함)
782	평안인사하다
783	평안인사
787	앗사리온
792	별
796	번개
801	못깨닫는
803	확신
805	확고하게하다
816	주목하다
820	존경없음
832	피리불다
833	뜰
834	피리부는자
835	유하다
837	자라다
839	내일
845	목격자
846	그의(인칭대명사NP)
851	없애다(수동 없어지다)
853	상하게하다
856	뒤
859	사함
863	허용하라, 버려두다, 사하다
868	떠나다
870	두려움없이
873	갈라내다

876	거품
878	어리석은(자)
881	아하스
884	은혜모르는(자)
885	아킴
888	마땅치않은
891	까지
892	쭉정이
897	바벨론
899	깊이
900	깊게하다
905	지갑
906	던지다(수동 던져지다), 넣다
907	세례주다(수동 세례받다)
908	세례
910	세례(요한)
912	바라바
914	바라갸
916	피곤하다
917	둔하게
918	바돌로매
920	바요나(요나의 아들)
922	짐
926	무거운(것)
927	귀한(최상급: 매우귀한)
928	괴롭히다, (수동)괴로워하다
930	고문자
931	고통
932	왕국
935	왕
936	왕되다
938	여왕
941	짊어지다
942	가시덤불
945	헛된반복하다
946	가증한것
953	범하다
954	바알세불
963	베다니
965	베들레헴
966	벳새다
967	벳바게
968	재판석
971	침략하다(수동 침략당하다)
973	침략자
975	책
976	성경책
984	상하게하다
985	싹나다
987	모독하다
988	모독
991	바라보다, 보다
992	붓는
994	외치다
997	돕다
999	구덩이
1003	보아스
1006	먹다, 먹이다
1014	뜻하다
1015	작은산

1023	팔(신체)	1085	종류
1025	아기	1089	맛보다
1026	비내리다	1092	농부
1028	비	1093	땅
1030	갉(이를, 이빨을)	1094	쇠함
1033	양식	1096	되다, 생기다, 일어나다, 이루다, 나다
1035	녹		
1036	가라앉다(수동 가라앉혀지다)	1097	알다(동침하다는 뜻)
1043	가브리엘	1100	혀
1055	고요함	1107	알게하다
1056	갈릴리	1108	지식
1057	갈릴리인	1110	아는자
1060	결혼하다	1111	원망하다
1061	(여자가)결혼하다	1115	골고다
1062	결혼식	1118	부모
1063	왜냐하면, ~때문이다	1119	무릎
1064	자궁	1120	무릎꿇다
1067	지옥불	1122	서기관
1068	겟세마네	1124	성경
1070	웃다	1125	기록하다(수동 기록되다)
1073	가득하다	1127	깨어있다
1074	세대	1131	벗은
1077	생일	1135	여자
1078	낳으심	1137	모퉁이
1080	낳다	1138	다윗
1081	낳은것	1139	귀신들리다
†1081	난것	1140	귀신
1082	게네사렛	1142	귀신
1083	태어남, 태어나심	1147	손가락
1084	낳은자	1155	빌리다, 빌려주다

1156	빚
1158	다니엘
1161	그리고, 그러나, 그러자
1162	간구
1163	~해야 한다
1166	보여주다
1169	무서워하는(자)
1170	아무
1171	몹시
1173	잔치
1176	10, 열
1179	데가볼리
1180	14, 열넷
1184	받아들여지는
1186	나무
1188	오른쪽(단수), 오른편(복수), 오른쪽것(형대단수)
1189	간청하다
1193	가죽
1194	때리다(수동 맞다)
1195	묶다
1196	동여매다(수동 동여매어지다)
1197	단
1198	죄수
1199	결박
1203	주권자
1205	오다
1207	첫번째후두번째
1208	둘째, 두번째
1209	영접하다
1210	묶다
1211	이제
1212	분명한
1220	데나리온
1223	~를 통해, ~때문에, ~동안, ~로
1227	밝히보다
1228	마귀
1229	일러주다
1232	마음에간직하다
1235	완전히깨다
1239	다주다
1242	계약
1245	청소하다
1247	섬기다
1248	섬김
1249	섬기는자
1252	분별하다
1254	말리다
1255	이야기나누다
1259	화해하다
1260	의논하다
1261	의논
1265	있다
1266	나누다
1269	몸짓하다
1270	의도
1271	뜻
1272	밝히열다
1273	밤새다

1276	건너가다
1279	꼼꼼히지나가다
1280	당황하다
1283	늑탈하다
1284	찢다(수동 찢어지다)
1285	고하다
1286	강포하다
1287	흩다(수동 흩어지다, 흩어버리다)
1291	경계하다
1294	거역하다
1295	구해주다(수동 구함받다)
1298	심히요동하다
1299	지정하다
1301	지켜내다
1302	무엇때문에
1308	귀하다
1310	소문내다(수동 소문나다)
1311	썩게하다
1314	굳게지키다
1316	단절하다
1318	가르치는
1319	교훈
1320	선생님
1321	가르치다(수동 가르침받다)
1322	가르침
1323	두드라크마
1325	주다(수동 주어지다)
1326	깨어나다, 깨우다
1327	광장
1330	거쳐가다
1332	두살
1334	각인시키다
1335	내력
1342	의인, 의로운 것, 의로운
1343	의
1344	의롭게여기다
1348	재판장
1350	그물
1352	때문에
1358	구멍뚫다
1360	~한 것 때문에
1362	두배
1365	의심하다
1368	걸러내다
1369	불화시키다
1371	두배때리다
1372	목마르다
1375	핍박
1377	핍박하다(수동 핍박받다)
1378	문서
1380	생각하다, 생각나다
1385	들보
1388	계략
1390	줄것
1391	영광
1392	영광돌리다(수동 영광받다)
1398	섬기다
1399	여종
1401	종
1403	초청잔치

1410	~할 수 있다
1411	능력
1413	능력자
1415	가능하다
1416	지다(태양이)
1417	2, 둘
1419	어려운
1423	어렵게
1424	서방(복수), 서쪽(단수)
1427	열둘, 12
1430	지붕
1432	값없이
1435	예물
1436	으악!
1437	QV누구든지, 만약~다면
1438	속, 자신, (예외:그것들)
1439	허락하다
1440	70(칠십)
1441	70번, 일흔번
1448	가까오다(완료 : 가까왔다)
1451	가까운, 가까이
1453	얼어나다. 일으키다
1454	일어남
1459	버리다
1470	넣다
1471	양수로배부른
1473	나, (복수)우리
1478	히스기야
1480	관례하다
1482	이방인

1484	이방, 이방인
1485	전례
1486 († 1486)	전례화하다
1487	만약(jh넣고, js뺌)
1491	모습
† 1492	알다
1500	공연히
1504	형상
1510	이다, 있다(높임:계시다), 속하다
1515	평안
1518	평안케하는(자)
1519	~로, ~로서, ~하도록, 까지, ~에 대해, 겨냥하는, 위해
1520	일(1), 한명
1521	데리고들어가다(오다)
1522	듣다(수동 들리다)
1525	들어가다, 들어오다
1531	들어가다
1533	끌려들어가다, 끌고들어가다
1537	~에게서, ~에서, ~로부터(의), 출신으로, ~중(에), 중 일부, 중 하나
1538	각각
1540	백(100)
1542	백배(100배)
1543 († 1543)	백부장
1544	내보내다
1547	시집가다

1554	임대하다
1559	박해하다
1562	발가벗기다
1563	거기, 거기서, 거기로
1564	거기서, 거기
1565	그
1567	치루다
1577	교회
1580	메고나오다(수동 메고나와지다)
1581	찍어버리다(수동 찍혀버려지다)
1584	빛나다
1586	택하다
1588	선택한자
1590	(수동)낙심되다
1598	시험하다
1605	놀라다
1607	나오다
1610	뽑다
1611	경이로움
1614	내밀다
1621	떨어버리다
1622	겉
1623	(서수)제 육, 여섯째
1631	내밀다
1632	쏟다(수동 쏟아지다)
1636	올리브
1637	기름
1643	(수동 밀려가다)
1645	가벼운
1646	가장작은(비교급)
1648	엘르아살
1651	책망하다
1653	긍휼히여기다
1654	구제
1655	긍휼히여기는(자)
1656	긍휼
1658	자유한
1662	엘리아김
1664	엘리웃
1665	엘리사벳
1666	엘리야
1679	소망하다
1683	저자신
1684	(배로)오르다
1685	던져넣다
1686	넣다
1689	쳐다보다
1690	엄히경계하다
1694	임마누엘
1699	나의, 내것
1702	희롱하다
1705	만족하게하다, (수동 만족되다)
1706	빠지다
1711	장사(매매를 말함)
1713	상인
1714	불태우다
1715	앞에((서)의)
1716	침뱉다
1718	나타나다
1722	안에,~에서, 입은, 중에(는)

1727	대항하는
1733	11, 열한(기수)
1734	십일(11) (서수)
1742	옷
1746	입다
1748	매복하다
1751	율법안에있다
1752	~하기에, 인하여
1754	역사하다
1758	달라붙다
1760	생각하다
1761	생각
1763	해, 한해
1766	(서수)제 구, 아홉째
1768	99, 아흔아홉
†1768	90, 아흔
1769	9, 아홉
1770	머리신호하다
1777	처벌된
1779	장사지내다
1781	명하다
1782	여기서
1784	존귀한
1785	계명
1787	안
1788	선대하다
1794	말다
1799	앞,앞에(서)
1803	육, 6
1807	빼다
1810	갑자기
1816	싹나다
1821	보내다
1823	찬란하다
1831	나오다, 나가다
1832	옳다
1833	캐묻다
1835	육십
1836	그다음날
1839	놀라다
1841	별세
1843	자백하다, 감사드리다
1844	맹세하다
1849	권세, (정관사3588+)권세자
1854	밖에, 밖으로, 바깥에, 밖에서
1855	겉, 겉으로는
1857	더바깥(비교급)
1859	명절
1865	모여있다
1869	(눈을)들다, 높이다
1870	부끄러워하다
1875	~거든, ~하면(가정법x, 상황o)
1877	이끌어내어지다(수동형태)
1879	머물며쉬다, 머물며쉬게하다
1880	올라와있다
1881	대적하다
1883	위쪽에(서)
1887	다음날
1893	다음
1895	~차에

1896	돌보다
1904	와서머물다
1905	묻다
1908	모욕하다
1909	당시, ~에 대해, 맡아, 맡겨, 대고, 대(대응할때)
1910	타다
1911	붙이다, 대다(손을)
1913	태우다(짐승 위에)
1914	관심가지다
1915	조각(천에 쓰였음)
1918	장가들다
1921	알다
1923	글
1925	보이다
1929	건네주다
1934	간구하다
1937	탐하다(탐함), 사모하다
1940	올라앉다
1941	일컫다
1945	앞에놓이다
1949	붙들다
1950	잊어버리다
1959	책임지다
1964	거짓맹세하다
1967	일용할
1968	임하다
1978	유명한
1979	식사거리
1980	돌아보다
1982	덮다
1988	스승님
1994	돌아오다, 돌아오게하다, 돌아가다
1996	모으다
2004	분부하다
2007	얹다
2008	꾸짖다
2010	허락하다
2012	청지기
2014	계속나타나다
2020	동트다
2021	시도하다
2022	붓다
2032	하늘위
2033	일곱 7
2034	일곱번
2036	간주하다
2038	일하다
2040	일꾼
2041	행위
2044	내뱉다
2046	권고하다
2048	광야(명), 한적한(형), 황폐한(형)
2049	황폐하다(수동 황폐해지다)
2050	멸망
2051	다투다
2056	염소
2064	가다, 오다

2065	요구하여묻다
2068	식사하다
2074	헤스론
2078	마지막
2080	안에
2081	안, 안으로는
2083	동료
2087	또다른한명, 또다른자
2089	여전히, 동안, 이미, 까지
2090	준비하다
2092	준비하는
2094	해, 년, 세(살)
2095	잘했다
2097	복음전하다
2098	복음
2105	좋은날씨
2106	기뻐하다
2107	기쁘신뜻
2111	적합한
2112	곧바로
2117	곧바로(부사), 곧바르게(형용사), 곧바른것(형대)
2120	기회
2123	(더)쉬운
2126	경건한
2127	축복하다(수동 축복받다)
2128	축복되다
2132	합의하다
2134	고자하다
2135	고자

2147	발견하다(수동 발견되다)
2149	넓은
2164	풍작이다
2165	행복해하다, 행복하게하다
2168	감사하다
2176	왼쪽(단수), 왼편(복수), 왼쪽것(형대단수)
2183	반열
2186	와서서다
2190	원수
2191	독사
2192	갖고있다, 가지다, 입다, 해주다
2193	~까지, 때까지
2194	스불론
2196	세라
2197	사가랴
2198	살다(분사:살아계신)
2199	세베대
2201	한쌍
2208	셀롯
2210	잃다
2212	찾다, ~하려고 하다
2215	가라지
2216	스룹바벨
2218	멍에
2219	누룩
2220	부풀다
2221	사로잡다(수동 사로잡히다)
2222	생명

2223	띠
2228	이나(or) 또는, 보다, 아니면, ~외에, 또한
2230	총독이다
2231	왕위
2232	총독
2233	인정하다, 인정하게하다
2235	이미
2238	박하
2240	오다
2241	엘리(아람어)
2243	엘리야
2244	키(신체키)
2246	태양
2250	(복수)기간, 낮, 일, 하루(단수), 날
2253	반쯤죽음
2264	헤롯
2265	헤롯인
2268	이사야
2279	동일한소리
2280	다대오
2281	바다
2283	다말
2285	놀라움
2288	죽음
2289	죽이다, 죽게하다
2290	장례하다
2292	담대하다
2293	담대하라(명령형)

2296	기이히여기다
2297	기이한일
2298	기이한
2300	눈여겨보다
2307	뜻
2309	원하다
2310	기초
2311	기초하다
2316	하나님
2322	고침
2323	고치다(수동 고침받다)
2325	추수하다
2326	추수, 추수할것
2327	추수꾼
2330	여름
2334	지켜보다
2337	젖먹이다
2338	여성
2340	책잡다
2343	쌓아두다
2344	보물
2346	(수동)환난받다
2347	환난
2348	죽다
2350	(수동)웅성거리다
2351	소동
2352	누르다(수동 눌리다)
2354	슬피울다
2355	슬픔
2359	털

2360	(수동 무서워지다)
2362	보좌
2364	딸
2368	분향
2370	분향하다
2372	분(감정을 말함)
2373	노하다
2374	문(문짝이 있는 문)
2378	제물
2379	제단
2380	희생제사하다
2381	도마
2383	야이로
2384	야곱
2385	야고보
2390	낫다, 낫게하다(수동 나음받다)
2395	의사
2396	오호!
2397	형상
2398	자기자신(의)
2400	(QS문장접두사)오!
2405	제사장직
2406	제사장때
2407	제사장직무하다
2408	예레미야
2409	제사장
2410	여리고
2411	성전
2414	예루살렘
2419	예루살렘

2421	이새
2423	여고냐
2424	예수(님)
2425	매우많은, 매우긴, 매우큰
2436	긍휼이 임하시기를!
2439	겉옷입다
2440	겉옷
2441	겉속옷
2443	~위하여, (~하기) 위함이다, (~하는) 것이, ~하도록
2444	어째서, 무엇때문에'
2446	요단
2448	유다(지명)
2449	유대(지명)
2453	유대인
2455	유다
2464	이삭
2469	갸릇
2470	동등하게, 동등한
2474	이스라엘
2476	서다(수동 서게되다), 세우다
2478	더강하시며(비교급), 강한(자)
2479	기운
2480	강하다
2484	이두래
2485	생선
2486	물고기
2488	요담
2491	요한
2495	요나

2496	요람
2498	여호사밧
2500	요셉
2501	요셉
2502	요시야
2503	점
2504	나도
2505	그대로
2507	내려버리다
2511	깨끗하다, 깨끗하게하다
2512	정결
2513	청결한(자)
2515	의자
2516	앉다
2517	차례로
2518	자다(높임:주무시다)
2521	앉다
2523	앉다
2524	달아내리다
2525	맡기다
2528	무장하다
2530	(~어떠)하기에
2531	그대로
2532	~과(와), ~도, 그래서, 그리고
2533	가야바
2537	새(new), 새것
2540	때(카이로스), 한때(단수)
2541	가이사
2542	가이사랴
2545	(불을) 켜다

2546	거기, 거기서
2548	그것들이(도), 그들에게도, 그도
2549	악
2551	악담하다
2554	악행하다
2556	나쁜(것)
2560	나쁘게
2563	갈대
2564	부르다(수동 불리다)
2570	좋은
2572	덮다, (수동)덮이다
2573	좋게
2574	낙타
2575	용광로
2576	(눈을) 감다
2579	~한다해도
2581	가나안인
2584	가버나움
2588	마음
2590	열매
2591	지도자
2592	열매맺다
2595	티
2596	~으로, ~따라, ~대로, 거스르는, ~마다
2597	내려오(가)다, (비)내리다
2601	내려가다(수동 내려가지다)
2602	창조
2606	비웃다

2608	꺾다
2609	대다
2611	싸매다
2613	정죄하다(수동 정죄되다)
2618	태우다
2621	기대어눕다
2622	떼어내다
2623	감금하다
2625	뉘어앉다
2627	홍수
2630	밀어떨어뜨리다
2632	정죄하다
2634	주장하다
2641	떠나다
2646	여관
2647	무너뜨리다, 융합하다
2648	생각해보다
2649	심문하다
2651	혼자
2653	심히저주하다
2656	손짓하다
2657	생각하다
2662	밟다(수동 밟히다)
2665	휘장
2666	삼키다
2670	(수동 빠지다)
2672	저주하다
2675	온전케하다
2680	예비하다
2681	깃들다

2682	보금자리
2690	둘러엎다
2705	입맞추다
2706	경히여기다
2708	바르다(기름같은 것을)
2715	권세부리다
2718	당도하다
2719	먹어버리다
2720	평탄케하다
2722	차지하다
2723	고소하다
2724	고소할증거
2727	교육하다(수동 교육받다)
2729	이기다
2730	살다
2736	아래로
†2736	그아래로
2739	태우다(수동 태워지다)
2742	뜨거움
2749	놓이다
2753	명하다
2756	거저
2762	획
2763	토기장이
2766	기와
2768	뿔
2770	얻다
2776	머리
2778	머리세
2782	전파

2784	전파하다(의미:복음을)
2785	큰물고기
2787	방주
2795	움직이다
2798	가지
2799	울다
2801	조각(음식에 쓰였음)
2805	울음
2806	떼다
2807	열쇠
2808	닫다(수동 닫히다)
2812	도둑
2813	도둑질하다
2816	상속하다, 상속받다
2817	상속
2818	상속자
2819	제비돌
2822	초청한자
2823	아궁이
2825	침대
2826	침상
2827	눕다
2828	떼
2829	도둑질
2835	고드란트
2836	태, 배:몸의일부분
2837	잠자다
2840	더럽히다
2844	참여함
2845	잠자리

2847	붉은
2848	한알
2851	형벌
2852	매로때리다
2853	묻다(먼지 등이)
2855	돈바꾸는자
2856	감하다(수동 감해지다)
2859	품
2865	받아내다
2867	회칠하다(수동 회칠되다)
2868	먼지
2869	멎다
2872	수고하다
2873	괴로움
2875	가슴치다, (나무)내려치다
2876	까마귀
2877	소녀
2878	예물
2885	꾸미다(수동 꾸며지다)
2889	세상
2892	경계병
2894	바구니
2896	소리지르다
2898	해골
2899	자락
2901	강하다(수동 강해지다)
2902	붙잡다
2903	최고권자(호격최상급)
2904	힘
2905	소리치다

2906	소리
2910	달다(수동 달려있다, 달리다)
2911	비탈
2917	판결
2918	백합화
2919	심판하다, (수동 심판받다)
2920	심판
2923	재판관
2925	두드리다
2927	은밀한, 은밀한것
2928	감추다
2932	가지다
2933	재물
2934	가축
2945	주위
2948	불구된(자)
2949	물결
2951	근채
2952	개
2956	구레네
2962	주인, 주님, 주
2965	개
2967	금하다
2968	마을
2971	하루살이
2974	말못하는(자)
2975	제비뽑히다
2977	가만히
2980	얘기하다
2981	얘기

2982	라마(아람어)
2983	받다
2985	등불
2989	비추다
2990	모르게하다
2992	백성
2998	파다
3000	충성하다
3001	채소
3002	렙바이오스
3003	군대
3004	~라 하는, ~말로, 말(씀)하다
†3004	말(씀)하다
3006	순탄한
3008	봉사하다
3009	봉사
3014	문둥병
3015	문둥병자
3018	레위
3019	레위인
3022	흰, 희게
3025	포도주틀
3027	강도
3029	심히
3030	유향
3036	돌로치다
3037	돌
3039	깨뜨리다
3041	호수
3042	흉년

3043	심지
3056	말, 말씀
3061	전염병
3062 (†3062)	남은(자), 나머지
3063	이후로는
3074	늑대
3076	근심하다(수동 근심되다)
3078	루사니아
3083	대속물
3085	대속
3087	등잔대
3088	등잔
3089	풀다(수동 풀리다)
3093	막달라
3094	막달라
3097	박사
3100	제자되다
3101	제자
3106	복있다하다
3107	복있다
3112	멀리(서)
3113	멀리서(575 3113)
3114	참다
3117	길게, 먼
3119	약한것
3120	부드러운
3123	더욱
3126	돈
3128	므낫세
3129	배우다
3135	진주
3136	마르다(사람이름)
3137	마리아
3140	증거하다
3142	증거
3144	증인
3146	채찍질하다
3149	가슴
3155	헛되이
3156	마태
3157	맛단
3162	칼
3167	큰일
3168	위엄
3170	크게하다
3173	큰
3177	번역하다(수동 번역되다)
3183	아기
3184	취하다(술취하는 것을 말함)
3185	더욱
3187	더큰(자)
3189	검게
3192	꿀
3195	다가오다, ~할(하려는) 것이다
3196	신체
3199 (†3199)	고려하다
3304	오히려
3306	머물다

3307	나누다
3308	염려
3309	염려하다
3310	부분
3312	나누는자
3313	참여함
3317	밤중
3319	한가운데
3324	가득한
3326	후, 함께, ~으로, ~가지고, 함께있는
3327	옮겨가다
3330	나눠주다
3332	이동하다
3338	뉘우치다
3339	변형하다(수동 변형되다)
3340	회개하다
3341	회개
3342	사이에서
3349	되새기다
3350	이주
3353	동업자
3354	측정하다
3358	분량
3360	까지
3361	AD아니하여
3366	~도 말(아)라
3367	아무에게도 ~않다, 아무(것)도 ~말(아)라
3371	더이상 ~않다(없다, 말다, 못하다)

3376	달, 개월
3379	않도록, 않기 위함이다
3383	말아라!(명령), 아니하고 (3383a3383b:a도 않고 b도 않고)
3384	어머니
3388	모태
3391	하나
3396	섞다
3397	조금
3398	작은
3400	천걸음
3404	미워하다(수동 미움받다)
3408	보상
3409	고용하다
3415	기억나다
3419	무덤
3421	기억하다
3422	기념
3423	약혼하다(수동 약혼되다)
3425	겨우
3426	항아리
3428	간음하는
3429	간음하다
3430	간음
3431	간음하다
3439	독생한
3440	~만, 오직
3441	오직
3442	외눈의
3458	맷돌

3459	맷돌
3461	수만(명)
3463	일만(10,000)
3464	향유
3471	맛잃다
3474	미련한(놈,자)
3475 (†3475a)	모세
3476	나손
3478	나사렛
3479	나사렛의
3480	나사렛인
3483	그렇다
3484	나인
3485	성전
3495	청년
3497	나아만
3498	죽은자
3501	새로운
3502	젊음
3503	소년기
3507	구름
3508	납달리
3514	실짜다
3516	어린아이
3521	금식
3522	금식하다
3523	굶겨, 굶은
3528	이기다
3534	승리
3535	니느웨
3536	니느웨인
3538	씻다
3539	통찰하다
3543	생각하다
3544	율법사
3546	동전
3547	율법사
3551	율법
3554	질병
3556	새끼
3558	(단수)남쪽, (복수)남방
3565	며느리
3566	신랑
3567	신랑집
3568	지금
3571	밤
3573	졸다
3575	노아
3581	나그네(APNMS)
3584	마르다(손 등이), 마른
3586	나무
3588	관사(D), 여자, 아들, 일부, 있는
†3589	84, 팔십사
3592	그녀에게
3593	여행하다
3594	인도하다
3595	인도자
3598	길

3599	이(이빨)
3600	극히고통하다
3601	극한고통
3602	통곡
3604	웃시야
3606	곳에서
3614	집
3615	식구
3617	집주인
3618	짓다
3619	건물
3623	말씀보유자
3624	집
3625	천하
3629	자비로운
3630	애주
3631	포도주
3636	지체하는
3638	팔,8
3640	믿음적은(자)
3641	적은(자)
3650	온, 전부, 온전히
3654	전혀
3660	맹세하다
3664	비슷한
3666	비슷하게여기다 (수동 비슷하게여겨지다)
3668	비슷하게
3670	공언하다
3677	꿈

3679	욕하다
3681	부끄러움
3684	나귀의
3686	이름
3687	이름하다
3688	나귀
3690	신포도주
3693	뒤에서, 뒤로
3694	뒤에, 뒤로
3698	~할 적에
3699	그곳, 어디로, 곳
3701	이상
3704	~하도록, ~려고, 그러므로, 그럼으로써
3705	환상
3708	살펴보다, 보다
†3708	보다
3709	진노
3710	화내다
3714	산골
3725	지역
3727	맹세
3729	달려들다
3733	암탉
3735	산
3736	파다
3738	춤추다
3739	일부, 한명, ~한 자, ~인
3742	성결
3745	일들, 만큼

3747	뼈
3748	누구든지, (관대), 곧
3751	허리
3752	~때에는, (~할)때
3753	~때
3754	~다고, (곧) ~한 것을, ~기에
3756	아니다, 아닌, ~말(아)라, 없다
3757	곳
3759	화있다
3760	아닌, 아니다
3761	아니하다. 않다
3762	아무데도~않다(없다), 하나도 아닌, 아무도(어떤것도) ~없다(않다)
3763	전혀~아니다, ~적이 없다
3765	더이상 ~않다
3767	그런즉
3768	아직 ~아니다, 아직 ~못하다.
3770	하늘의(형)
3772	하늘
3774	우리야
3775	귀
3777	이나(nor)
3778	이, 이것은, 이일, 이자는, 이말(씀), 이런일
3779	이같이
3780	아닌
3781	빚진자
3782	빚
3783	빚

3784	빚지다
3788	눈
3789	뱀
3790	낭떠러지
3791	괴롭히다(수동 괴롭힘당하다)
3793	군중
3796	저물게
3798	저문
3800	봉급
3802	올무씌우다
3813	아이
3814	어린여종
3816	아이, 하인
3817	치다
3819	벌써
3820	낡은(것), 옛것
3822	낡다(수동 낡아지다)
3824	재창조
3825	다시, 또한
3829	숙박업소
3830	숙박업소주인
3833	전신갑주
3837	곳곳에서
3842	항상
3843	분명히
3844	널리, ~에게, ~에게서, ~보다
3850	비유
3853	명령하다
3854	오다
3855	지나가다

3856	들추어내다
3860	넘겨주다(수동 넘겨지다)
3861	영광스러운일
3862	전통
3864	해변
3869	가까이앉다
3870	권면하다
3871	은폐하다
3874	권면
3877	가까이따르다
3878	흘려듣다
3880	데리고(데려오다), 데려가다
3882	해안
3885	중풍병자
3886	중풍병들다
3899	지나가다
3900	과실
3904	예비일
3906	살펴지키다
3908	내주다
3916	즉시
3918	있다
3924	~없이
3928	지나가다
3930	하다
3932	출가
3933	처녀
3936	곁에서다, 곁에서게하다
3945	유사하다
3952	와서함께하심

3953	대접
3956	모든, 모두, 전부
3957	유월절
3958	고난받다
3960	치다
3961	짓밟다
3962	아버지
3965	족속
3968	고향
3973	그치다
3975	완악하다
3976	쇠고랑
3977	평평한
3979	도보로
3982	확신시키다, 확신하다
3983	배고프다
3985	시험하다(수동 시험받다)
3986	시험
3989	깊음
3992	(사람)보내다 : 데리러
3994	장모, 시어머니
3996	애통하다
4000	오천(명)
4002	다섯(5)
4003	15째, 열다섯번째(서수)
4008	건너
4009	끝
4012	~에 대하여, ~에, 주변에(을), 즈음에
4013	두루다니다

4016	입다
4017	둘러보다
4023	지배하다
4024	띠두르다(수동 띠둘려지다)
4032	감추고있다
4036	심히근심하다
4039	근처에사는
4040	이웃
4043	걷다
4045	굴복하다
4049	산만하다
4051	가득한것
4052	남다
4053	더많이
4054	(더)넘치게
4055	(더)나은 자
4057	엄청나게
4058	비둘기
4059	할례하다
4060	두르다
4066	주변지방
4071	새
4073	바위
4074	베드로
4075	돌밭
4076	운향
4082	가방
4083	규빗(자), 45cm
4085	누르다(수동 눌리다)
4090	심히

4091	빌라도
4093	서판
4094	쟁반
4095	마시다
4097	팔다
4098	엎드리다, 무너지다, 떨어지다
4100	믿다
4102	믿음
4103	믿음있는
4105	미혹하다(수동 미혹되다)
4106	미혹
4107	미혹하는
4108	미혹하는자(형대)
4113	큰거리
4115	넓게하다
4116	큰
4118	가장많은
4119	더많은, 더많이, (더)중한
4120	엮다
4124	탐욕
4127	매
4128	무리
4129	많아지다(수동)
4130	가득차다(수동 가득채워지다)
4132	가득참
4133	그렇지만, 그러나
4134	가득찬
4135	확실히이루다
4137	성취하다

4138	기운것
4139	이웃
4143	배
4145	부유한(자)
4147	부유하다
4149	부유함
4151	영
4154	불다
4155	목잡다
4159	어떻게, 어디서났느냐, 어디에
4160	행하다, 만들다, (열매)맺다, 베풀다(결혼식), 하다
4164	여러가지
4165	목양하다
4166	목자
4167	양떼
4168	양무리(영적인 양)
4169	무슨, 무엇, 몇, 어느
4171	전쟁
4172	성
4178	자주
4180	많은말
4183	많은(자)들, 많은것들, 많이
4186	값비싼
4189	악함
4190	악한, 악한자
4194	본디오
4198	가다
4202	음행
4204	창녀

4206	멀리
4212	몇번
4214	얼마나, 얼마나 크겠느냐, 몇(개)
4215	홍수
4217	(의문대)어떠한자, 어떠한지
4219	언제
4221	잔
4222	마시게하다
4226	어디, 어디서, 어디~곳
4228	발, 양발
4229	사항
4232	관정
4234	행위
4235	온유한
4238	하다
4239	온유한(자)
4241	합당하다
4245	장로
4246	노인
4250	전에
4253	전에
4254	앞서가다
4260	더가다
4263	양
4264	사주받다
4273	배반자
4281	먼저가다
4286	하나님앞(의)
4289	소원하는

4298	깊게나아가다
4308	미리말하다
4313	앞서가다
4314	에게, ~도록 ~에, ~으로, ~하려고, ~에 대해
4317	인도하여오다, 인도하여가다
4321	허비하다
4325	비용들다
4327	기다리다
4328	기대하다
4334	나아오다
4335	기도
4336	기도하다
4337	조심하다
4339	개종자
4340	잠깐만
4341	부르다
4347	합하다
4350	부딪치다(수동 부딪히다)
4351	굴리다
4352	예배하다
4355	다가가다
4357	앞에머무르다
4363	앞에엎드리다
†4366	맞닥뜨리다
4367	명하다
4369	더하다(수동 더하여지다)
4374	바치다(헌금, 사람)
4377	부르다
4379	건들다
4383	얼굴, 앞
4392	외식
4393	가져다놓다
4395	예언하다
4396	선지자
4398	여선지자
4399	앞지르다
4404	새벽에
4405	새벽
4410	높은자리
4411	상석
4412	첫번째로
4413	첫번째로, 첫째 날, 첫째
4416	첫번째자녀인
4419	꼭대기
4420	날개
4425	키
4428	두루말아덮다
4430	시체
4431	무너짐
4434	가난한(자)
4437	수시로
4439	출입문(문짝이 없는 열린문)
4440	대문
4441	질문하다
4442	불
4444	망대
4445	열병앓다
4446	열병
4449	붉다

4453	팔다
4454	나귀새끼
4459	어떻게
4461	랍비
4464	지팡이
4469	라가
4470	천(옷만드는 재료를 말함)
4471	라마
4474	손으로치다
4476	바늘
4477	라합
4478	라헬
4483	선포하다
4485	파괴
4486	터뜨리다
4487	선포된말(씀), 증언(의역)
4491	뿌리
4496	던져놓다
4497	르호보암
4501	말씀칼(영의칼을 의미)
4503	룻
4505	거리
4506	건지다(수동 건져지다)
4511	유출
4518	사박다니(아람어)
4521	(복수)안식의 날, (단수)안식일
4523	사두개인
4524	사독
4526	베옷
4528	스알디엘
4531	흔들다(수동 흔들리다)
4533	살몬
4536	나팔
4537	나팔불다
4541	사마리아인
4550	못된
4558	사렙다
4561	육체
4563	소제하다(수동 소제되다)
4567	사탄
4568	스아
4570	끄다(수동 꺼지다)
4572	자신(2인칭 단수)
4576	존중하다
4578	지진
4579	진동하다
4582	달
4583	간질하다
4592	표적
4594	오늘
4597	좀
4600	뺨
4601	조용하다
4605	시돈
4608	독주
4613	시몬
4615	겨자
4616	세마포
4619	살진 것
4620	한끼분량

4621	밀
4622	시온
4623	잠잠하다, 잠잠케하다
4624	실족게하다, 실족하다(수동 실족되다)
4625	실족
4626	파내다
4632	그릇
4633	성막
4639	그늘
4640	뛰놀다
4641	완악한 마음
4642	완악한
4646	굽은것(형대)
4648	성찰하다
4650	흩어버리다
4651	전갈
4652	어두운
4653	어둠
4654	어둡게하다(수동 어두워지다)
4655	어두움
4659	어두운안색의
4660	고생시키다(수동 고생되다)
4661	고생
4666	몰약
4670	소돔
4672	솔로몬
4674	당신의(것), 너의(것)
4678	지혜
4680	지혜로운(자)

4682	경련일으키다
4683	강보로싸다
4686	중대(군대관련)
4687	씨뿌리다
4690	씨
4692	애쓰다
4693	굴
4697	불쌍히여기다
4698	심정
4699	해면스펀지
4700	재
4702	밀밭
4709	간절히
4710	부지런함
4711	광주리
4715	한세겔
4716	십자가
4717	십자가에못박다
4718	포도
4719	이삭
4721	지붕
4723	불임인
4728	좁은
4735	왕관
4741	굳게하다
4743	순식간
4750	입
4753	군사
4754	군생활하다
4756	군단

4757	군인
4762	돌아서다(수동 돌아서지다)
4765	참새
4766	펼치다
4768	흐리다
4771	너, (복수)너희
4772	친척(가족외)
4773	친족(가족포함)
4779	불러모으다
4780	위장하다
4788	포획하다
4795	우연
4796	함께기뻐하다
4801	짝지어주다
4808	무화과나무
4810	무화과
4811	가로채다
4814	대화하다
4815	수태하다, 잡다
4816	골라내다
4820	한데모으다
4823	결의하다
4824	결의
4846	막다
4848	동행하다
4851	유익하다
4856	합심하다
4862	(~와) 함께
4863	모으다(수동과거 모였다)
4864	회당

4868	결산하다
4873	함께앉다
4876	만나다
4877	만남
4878	협력해돕다
4884	포로삼다
4885	함께자라다
4889	동료종
4892	공회
4895	함께있다
4905	함께하다
4907	현명함
4908	현명한(자)
4909	옳게여기다
4912	사로잡다(수동 사로잡히다)
4917	깨다(수동 깨지다)
4920	깨닫다
4921	함께서다
4923	동행
4929	명하다
4930	종말
4931	다끝마치다
4933	보존하다(수동 보존되다)
4937	(수동)부러지다, 상하게하다
4947	수리아
4948	수리아인
4952	전신경련일으키다
4957	함께십자가에못박히다
4970	매우
4972	인치다

4977	(수동)갈라지다
4978	해어짐
4980	틈있다
4982	구원하다
4983	몸
4984	육체적인
4990	구원자
4991	구원
4992	구원하심(형대)
4993	정신차리다
5007	달란트
5009	골방
5010	직무
5011	겸손한(자)
5013	낮추다(수동 낮아지다)
5014	낮음
5015	요동하다(수동 요동되다)
5021	정해주다(수동 정해지다)
5022	황소
5027	묘지
5028	묘
5035	속히
5036	속히
5043	자녀
5046	온전한
5048	온전케하다
5050	온전한이룸
5053	사망하다(수동 사망하게되다)
5054	사망
5055	끝마치다, 세금내다

5056	끝, 세금
5057	세금징수원
5058	세관
5059	이적
5062	40, 사십
5064	4, 사
5070	사천(명)
5075	4분봉왕이다
5076	4분봉왕
5083	지키다
5086	디베료
5087	두다
5088	출산하다
5089	자르다
5091	공경하다
5092	값
5100	무엇, 어떤, 어떤자, ~(할)것, 일부
5101	누가, 누구, 무슨, 누구의것, 무엇, 어떻게
5108	이런(자)(일), 그만한, 이만큼
5110	이자
5111	담대하다
5117	장소
5118	이만한
5119	그때
5122	이름이 ~인자
5132	상(밥상을 말한다)
5133	은행업자
5134	상처

5137	목
5138	험난한것
5139	드라고닛
5140	삼(3)
5141	떨다
5142	기르다
5143	달려가다
5144	삼십(30)
5146	엉겅퀴
5147	험한길
5151	세번
5154	서수 : 삼(3), 셋째, 세번째
5158	모양
5160	음식
5165	그릇
5166	따다
5167	산비둘기
5169	눈(바늘의 눈 표현)
5176	영합하다
5177	당하다
5180	때리다(수동 맞다)
5182	심란하다(수동 심란해지다)
5184	두로
5185	눈먼(자)
5188	(수동) 꺼져가다
5195	능욕하다
5198	건강하다
5199	온전한
5204	물
5207	아들

5212	너희의
5214	찬송하다
5217	가다
5219	순종하다
5221	만나다
5224	소유하다
5228	위하여, 위에
5240	넘치다(수동 넘쳐지다)
5244	교만한자
5257	사역자
5258	잠
5259	~에게서, 아래에
5263	가르치다
5264	모셔영접하다
5266	신발
5268	짐승
5272	위선
5273	위선자
5278	견디다
5286	발판
5290	돌아가다, 돌아오다
5293	복종적이다
5295	이후에
5298	체류하다
5302	부족하다
5305	그후에
5308	높은
5310	가장높은(곳)(분)
5311	높음
5312	높이다(수동 높아지다)

5314	탐식
5315	먹다(높임:잡수시다)
†5315a	먹어버리다
5316	나타나다, 나타내다
5318	공개적인, 공개한(것)
5323	바누엘
5326	유령
5327	골짜기
5329	베레스
5330	바리새인
5336	축사(가축을 기르는 건물)
5338	빛
5342	가져오(가)다, (누구를)데려오다
5343	도망하다
5345	소문
5346	들려주다
5348	임하다
5355	시기(감정)
5368	좋아하다
5376	빌립
5384	친구
5392	잠잠하다(수동 잠잠해지다)
5399	두렵다, 두렵게하다(수동 두려워하다)
5401	두려움
5406	살인자
5407	살인하다
5408	살인
5409	입다
5412	짐지다

5413	짐
5417	채찍질하다
5418	산울타리
5419	설명하다
5426	생각하다
5427	생각
5428	총명
5429	총명한
5432	가져오다
5437	도망
5438	감옥, 경(시간개념)
5440	말씀실천띠
5442	지키다
5443	지파
5444	잎사귀
5451	심음
5452	심다
5454	굴
5455	소리내어부르다
5456	소리, 음성(사람, 귀신)
5457	빛
5460	밝은
5461	밝게하다
5463	기뻐하다
5465	잡아내리다
5467	사나운
5475	동
5478	가나안(형용사)
5479	기쁨
5485	은혜

5487	은혜주다(수동 은혜받다)
5491	입술
5494	겨울
5495	손, (복수)양손
5501	더심하게
5503	과부
5503	과부, 과부된
5509	속옷
5510	눈(snow)
5511	통옷
5519	돼지
5521	쓸개
5523	고라신
5526	배부르다(수동 배불리다)
5528	풀
5531	필요공급하다
5532	필요
5535	필요하다
5537	지시하다(수동 지시받다)
5543	인자한
5547	그리스도
5548	기름붓다
5549	지체하다
5550	때(크로노스)
5557	금
5560	저는자
5561	지방
5562	수용하다(수동 수용되다)
5563	가르다
5564	토지
5565	외에
†5574	거짓되다
5575	거짓증인
5576	거짓증언하다
5577	거짓증거
5578	거짓선지자
5580	거짓그리스도
5589	부스러기
5590	영혼
5593	차가운것
5594	식다(수동 식어지다)
5597	비비다
5599	오오!
5601	오벳
5602	여기
5604	산통
5606	어깨
5609	계란
5610	시간, 시(한)
5611	아름답게
5613	~한 대로, ~한 것같이, 같이도, ~하자, (~하는)중에, 약
5614	호산나
5615	그와같이
5616	~처럼, 정도
5618	~처럼
5620	~할 정도로, ~려고, 그럼으로써, 그러므로
5621	귀
5623	유익하다(수동 유익얻다)

1067 3588 4442	불의 지옥불
1223 3650 3588 3571	온밤내내
1223 3778	이러므로
1223 3956	계속
1487 1161 †3361	그렇지 않으면
1487 1161 3761	그렇지않으면
1487 3361	~할 뿐이다, ~외에는
1519 1438	스스로, 자신에게
1519 1515	평안히
1519 3588 165	영원히
1519 3588 2048(형대)	광야로
1519 3588 899	깊은데로
1537 3772	하늘로부터(의)
1537 5311	높은데서
1599 3588 4008	건너편으로
1722 (3588) 2250(복수)	기간에
1722 (3588) 3772	하늘에 있는
1722 1438	속으로, 서로, 자신들끼리
1722 1515	평안히
1722 1565 3588 2250(단수)	그 날에
1722 1565 3588 2250(복수)	그 기간에
1722 1565 3588 5610	그 시간에
1722 2540(단수)	~때에
1722 3319	한가운데에, 한가운데서
1722 3391 3588 2250(복수)	하루는
1722 3588 1836	그다음날에
1722 3588 2250(단수) 3588 4521(단수,복수)	안식의 날에
1722 3588 2517	차례로
1722 3588 2927	은밀히

1722 3588 3824	재창조시
1722 3588 3989	깊은데
1722 3588 5010	직무대로
1722 3588 5318	공개적으로
1722 3650 3588 1271	온 뜻으로
1722 3650 3588 2588	온 마음으로
1722 3650 3588 5590	온 영혼으로
1722 5101	무엇으로
1752 3778	이렇기에
1909 1438	스스로
1909 3588 839	다음날에
1909 3745	동안에
1909 846	그리로
2193 302	~때까지
2193 3755	동안에
2193 4219	언제까지
2222 166	영원한 생명
2531 2532	~것과 같이
2596 1438	스스로
2596 2398	따로
2596 3650 3588 4172	온 성마다
2596 3778	이런식으로
2596 4795	우연히
2596 5101	무엇으로
2596 5117	장소(들)에 따라
2696 2250	날마다
302 3360 3588 4594	오늘까지도
3326 1161 3778	이후에
3326 1417 2250	이틀 후
3326 3397	조금 후

3326 3727	맹세로
3326 5479	기쁨으로
3360 3588 4594	오늘까지
3361~ 3366~	~도 ~도 못하다
3560 3588 2250	종일
3588 1722 3588 2927	은밀히 계신
3588 1722 3588 3772(복수)	하늘들에 계신
3588 3584	마른곳
3588 740 3588 4286	하나님앞의 빵
3588 846(형대)	그처럼
3588 932 3588 3772(복수)	하늘들의 왕국
3699 302	곳마다
3699 1437	어디든지
3739 1437	만약 ~자
3739 302	자마다
3739 3756	까닭이다
3739 5484	이러하므로
3745 302	무엇을~하든지
3748 302	누구든지 ~자마다
3756 1510	없다
3756 3361	결코 아니다
3756 714	부족하다
3756~ 3761~	~하지도 못하고 ~하지도 못하다 (neither ~ neither)
3768~ 3761~	~하지도 못하고~하지도 못하다
3777 a 3777 b c(동사)	a도 b도 c를 하지 못하다
3844 1438	자신들끼리
3844 3588 2281	바닷가
3844 3588 3041	호숫가
3844 3588 3598	길가

3844 3588 4228	발곁
3924 3056	말씀 없이
3956 3588 2250	항상
4012 3588 1766	제 구시(15시) 즈음에
4183 5550(복수)	많은 때
4253 4383	앞서
4314 240	서로
4314 3588 2307	뜻대로
4314 3761 1520 4487	한 선포된 말씀에도
473 3739	대신에
5550(복수) 2425	매우긴 기간
5613 3752	때같이
5613 4396	선지자로서
5613 4572	자신같이
575 1565 3588 2250	그날부터
575 165	영원부터
575 3113	멀리서
575 3588 1417	둘중에
575 3588 5610 1565	그 시간부터
575 5119	그때부터
575 737	지금부터
575 746	처음부터
891 2540	때까지(다음 때까지)
891 3739 2250	날까지

마침말

박경호헬라어번역성경 NEW마태복음은!
기존의 박경호헬라어번역성경 마태복음과는 매우 큰 차이가 있습니다.

박경호헬라어스트롱사전에 의한 100% 완전한 1:1 대응입니다.

예를 들어,
"아브라함의 자손이며, 다윗의 자손이신 예수 그리스도의 생애의 책."이
기존의 번역이었다면,
"아브라함의 아들이며, 다윗의 아들이신,
예수 그리스도의 낳으심의 성경책입니다."가
새롭게 번역된 내용입니다.

사실, 어마어마한 변화입니다.

이렇게 1:1로의 번역을 하면,
문장이 매끄럽거나 쉽게 이해되지는 않지만,
헬라어 원어의 의미는 아주 정확하게 이해되어,
하나님의 말씀이 주시고자 하는 내용을 정확하게 이해될 수 있는 것입니다.

왜냐하면, 아들이란 의미는!
성경에서 육적인 자손의 의미를 넘어,
구원받은 자(후손)에게 사용하는 영적인 단어이기 때문입니다.

‘생애’ 대신 ‘낳으심’으로 번역되었는데,
이어지는 문장 곧,
“아브라함이 이삭을 낳았으며”에서
‘낳았다’라는 동사의 명사형이기에 더 정확한 번역임을 알 수 있습니다.

뿐만 아니라,
‘책’ 대신 ‘성경책’으로 번역됨으로써,
일반적인 기록물이나 책과는 구별되는,
하나님의 성경책임이 더욱 선명하게 드러나게 된 것입니다.

결국,
완전한 1:1대응은,
완전한 번역으로의 완전성의 열매를 맺게 된 것입니다.

이것이 바로,
NEW마태복음을 새롭게 출판한 이유가 되며,
NEW누가복음의 출판이 기다리고 있습니다.

2021년 7월 5일

[베다니 히브리어&헬라어 번역원 원장] **박경호**